CONTRIBUTION A L'ÉTUDE COMPARATIVE

DU

CODE CIVIL ALLEMAND

ET DU

CODE CIVIL FRANÇAIS

PAR

Guillermo MUNDT

———•———

PARIS

LIBRAIRIE NOUVELLE DE DROIT ET DE JURISPRUDENCE

ARTHUR ROUSSEAU

ÉDITEUR

14, RUE SOUFFLOT ET RUE TOULLIER, 13

1903

CONTRIBUTION A L'ÉTUDE COMPARATIVE

DU

CODE CIVIL ALLEMAND

ET DU

CODE CIVIL FRANÇAIS

CONTRIBUTION A L'ÉTUDE COMPARATIVE

DU

CODE CIVIL ALLEMAND

ET DU

CODE CIVIL FRANÇAIS

PAR

Guillermo MUNDT

———•———

PARIS

LIBRAIRIE NOUVELLE DE DROIT ET DE JURISPRUDENCE

ARTHUR ROUSSEAU

ÉDITEUR

14, RUE SOUFFLOT ET RUE TOULLIER, 13

——

1903

CONTRIBUTION A L'ÉTUDE COMPARATIVE

DU

CODE CIVIL ALLEMAND

ET DU

CODE CIVIL FRANÇAIS

INTRODUCTION

I

Les années 1804 et 1900 marquent deux dates mémorables dans l'histoire législative de la France et de l'Allemagne ; elles sont, pour chacune de ces deux grandes
nations, le point de départ de l'unité de leur droit. L'une
commence, l'autre finit un siècle fécond en grandes découvertes, où l'activité industrielle et commerciale a pris
une intensité jusque-là inconnue, s'accompagnant de
transformations économiques si profondes qu'elles ont
renouvelé presque entièrement la face du monde moderne. Les peuples, autrefois jalousement renfermés dans
leurs limites territoriales, entretiennent aujourd'hui entre

eux des relations commerciales actives et suivies, grâce à la rapidité des communications, et le développement de l'industrie et du machinisme ont complètement bouleversé les anciennes conditions du travail, qui ont réfléchi elles-mêmes sur les rapports individuels, non seulement dans la société, mais encore au sein même de la famille. Les cent ans écoulés depuis le Code civil français ont vu plus de changements qu'il ne s'en est opéré dans l'espace antérieur de plusieurs siècles.

Les lois ont-elles suivi ces changements ?

A une époque où les relations sociales étaient régies par la coutume, celle-ci se modelait exactement sur les besoins variés et instables des diverses agglomérations locales. Avec les progrès de la civilisation, les lois écrites ont de plus en plus envahi le domaine du droit et lui ont donné une fixité qui l'a souvent mis en désaccord avec les mœurs. La diversité et la confusion de ces lois ont ensuite amené le législateur à les rassembler et à les coordonner entre elles pour leur donner plus de clarté et de précision : c'est la phase de la codification.

Le système de la codification a été accusé de rompre la parfaite harmonie qui doit régner continuellement entre les mœurs et la législation. Il a été l'objet, surtout en Allemagne, de discussions passionnées. Les uns en ont fait l'ardente apologie, ils ont mis en relief les avantages que devaient retirer les nations de la substitution d'une loi unique, claire et certaine, à la variété infinie et à l'incertitude des coutumes locales. Les autres, au contraire, y ont vu un obstacle au progrès législatif : en emprisonnant en quelque sorte la loi dans des formules fixes, le législateur, d'après eux, la dépouille d'une de ses plus précieuses qualités, qui est de s'adapter aux milieux sociaux des diverses époques. Parmi les jurisconsultes qui ont professé cette doctrine, se signale l'allemand Savigny. Pour lui, toute codification est mauvaise en principe, comme fausse et arbitraire, parce qu'elle procède de vues systématiques et ne tient aucun compte de l évolution du droit ; elle enchaîne le jurisconsulte à une interprétation trop étroite de la loi écrite, et constitue ainsi un obstacle au progrès.

Quoi qu'il en soit de la valeur de ces arguments, en fait la loi écrite et la codification l'emportent aujourd'uhi partout sur la coutume ; presque toutes les nations possèdent aujourd'hui leur Code ; et l'Allemagne elle-même, qui, lors de l'apparition du Code civil français, paraissait vouloir rester réfractaire à la codification, a maintenant aussi son Code civil, qui est en vigueur depuis le 1er janvier 1900.

Il ne semble pas sans intérêt de se livrer à une étude comparative de deux Codes qui ont été rédigés chacun aux deux pôles de ce siècle qui vient de finir et de constater les différences dues, tant au génie particulier des deux peuples qui les ont enfantés qu'aux modifications profondes subies par la société.

Il convient, avant tout, de faire la genèse de ces deux monuments législatifs, qui nous montrera à la suite de quelles circonstances et dans quelles conditions ils ont vu le jour.

II

Lorsqu'éclata la Révolution française, la France, comme la plupart des pays de l'Europe, était divisée en une multitude de coutumes grandes ou petites, ne s'appliquant qu'à de petites circonscriptions territoriales, parfois même limitées à une ville, de sorte que, suivant le mot de Voltaire, le voyageur y changeait plus souvent de législation que de chevaux de poste. Ce n'est pas que l'unification des lois civiles n'eût pas fait, et depuis plusieurs siècles, l'objet des préoccupations des jurisconsultes et du pouvoir royal, mais elle n'avait jamais pu aboutir. Certains progrès partiels avaient pourtant été réalisés dans ce sens par les ordonnances royales applicables à tout le territoire du royaume, et par les arrêts des Parlements.

Dans la doctrine, les travaux des jurisconsultes avaient puissamment aidé à la généralisation du droit, et on peut dire qu'à la fin du XVIIIe siècle, en France, tout était prêt pour la codification.

Il ne faut donc pas s'imaginer que l'œuvre du Consulat a été confectionnée tout d'un coup et pendant les quelques mois seulement qu'a duré sa rédaction. Si le travail de codification ordonné par le Premier Consul aboutit en si peu de temps, c'est qu'en réalité il n'y avait plus qu'à recueillir et à colliger les travaux antérieurs. Mais il est juste de dire que, si le résultat fut atteint après tant d'essais infructueux, c'est parce que l'unité politique avait été enfin obtenue, et qu'elle entraîna, comme une conséquence naturelle, l'unité législative. Il y a, en effet, un lien en quelque sorte nécessaire entre l'ordre politique et l'ordre civil, et nous verrons que si l'Allemagne a pu, elle aussi, réaliser l'unification de son droit privé, elle le doit aux événements politiques de 1870-1871 d'où est sortie son unité, et que cette unification n'a pu être obtenue que dans la mesure où l'unité politique l'a elle-même été.

Dès le début de la Révolution française, la codification du droit privé avait été mise à l'ordre du jour des préoccupations du législateur. Le 16 août 1790, l'Assemblée constituante décrétait la formation d'un Code général de lois simples, claires et appropriées à la Constitution ; et elle écrivit dans la Constitution de 1791 : « Il sera fait un Code de lois civiles communes à tout le royaume. »

Mais il ne suffit point de décréter la confection d'un Code, dont la nécessité avait été sentie bien avant les décrets de la Constituante, il faut encore l'exécuter. La Révolution n'enfanta que des utopies. La Convention surtout se signala par la recherche chimérique d'un Code tout entier contenu dans quelques articles seulement, dont l'élaboration fut confiée par elle à une commission de philosophes.

Les deux projets préparés par Cambacérès et présentés par lui successivement à la Convention (projet en 297 articles) et au Directoire (1104 articles) n'eurent aucun résultat. Ce dernier ne fut même pas discuté.

Il fallait la volonté et l'autorité de Bonaparte pour mener à bien l'entreprise ; il fallait que la France eût retrouvé le calme et que les passions politiques se fussent quelque peu apaisées.

Le 24 thermidor an VIII, une commission fut nommée et chargée de présenter un projet de Code civil. Elle était composée de Tronchet, président de la Cour de cassation ; Portalis, commissaire du gouvernement près le Conseil des prises ; Bigot-Préameneu, commissaire du gouvernement près la Cour de cassation ; Maleville, juge à la Cour de cassation. En somme, tous ces membres étaient des praticiens.

Le projet fut terminé dans le court espace de quatre mois, car Bonaparte voulait aller vite ; il fut imprimé en pluviôse an IX, puis envoyé à la Cour de cassation et à tous les tribunaux pour leur demander leurs observations.

Nous ne nous attarderons pas aux détails de la discussion qui eut lieu devant le Corps législatif, ni aux moyens employés par Bonaparte pour avoir raison de la résistance du Tribunat. Les diverses matières du Code civil, dout les débats durèrent sans interruption, furent successivement votées, et la loi du 30 ventôse an XII les réunit en un seul Code sous un numérotage général.

La confection du Code civil français a donc été très rapide. Le Premier Consul voyait peut-être, dans les circonstances où il se trouvait, une condition de succès dans la célérité ; mais si elle put être menée à bien dans un si court espace de temps, c'est, nous le répétons, parce que ce Code avait derrière lui une élaboration de plusieurs siècles, et parce que ses auteurs n'ont eu qu'à puiser dans les anciens recueils de jurisprudence et dans les traités des jurisconsultes. On ne peut donc pas dire, en dépit des apparences, que ce soit une œuvre faite à la hâte. Ce fut, avant tout, une œuvre de praticiens qui écartèrent les vues ambitieuses de la philosophie et de l'abstraction pour ne voir que des hypothèses concrètes et d'usage courant. Ils comprirent que le domaine de la législation n'est pas l'absolu, mais bien le relatif : « Tout simplifier, disent-ils dans leur discours préliminaire, est une opération sur laquelle on a besoin de s'entendre. Tout prévoir est un but qu'il est impossible d'atteindre. »

Quant à l'esprit qui les a guidés, ils exposent également dans le même discours : « Nous avons fait, s'il est permis de s'exprimer ainsi, une transaction entre le droit écrit et les coutumes, toutes les fois qu'il nous a été possible de concilier leurs dispositions, ou de les modifier les unes par les autres, sans rompre l'unité du système, et sans choquer l'esprit général. Il est utile de conserver tout ce qu'il n'est pas nécessaire de détruire : les lois doivent ménager les habitudes, quand ces habitudes ne sont pas des vices. On raisonne trop souvent comme si le genre humain finissait et commençait à chaque instant, sans aucune sorte de communication entre une généra-tion et celle qui la remplace. Les générations, en se succédant, se mêlent, s'entrelacent et se confondent. Un législateur isolerait ses institutions de tout ce qui peut les naturaliser sur la terre, s'il n'observait avec soin les rapports naturels qui lient toujours plus ou moins le présent au passé, et l'avenir au présent, et qui font qu'un peuple, à moins qu'il ne soit exterminé, ou qu'il ne tombe dans une dégradation pire que l'anéantissement, ne cesse jamais, jusqu'à un certain point, de se ressembler à lui-même. »

III

Avant l'entrée en vigueur de son nouveau Code civil, le 1er janvier 1900, l'Allemagne était, elle aussi, partagée entre plusieurs législations, dont la diversité était aussi grande que celle qui régnait autrefois dans la France coutumière : « A l'heure actuelle, disait en 1896 Endemann, professeur à l'Université de Halle, nos tribunaux, suivant la situation géographique de leur ressort, appliquent tantôt le droit commun romain, tantôt le droit général prussien, tantôt le Code Napoléon ou les règles inscrites dans le recueil des lois saxonnes. Ce n'est pas tout ? Si chacune de ces lois possède un domaine plus ou moins bien délimité, elle est loin d'y exercer une autorité souveraine. Prenons la Prusse, par exemple. Eh bien ! le droit général prussien n'a pas été modifié par moins de 1800 textes législatifs comprenant un total de nombreux milliers d'articles. Cette diversité se manifeste surtout dans la matière du contrat de mariage. S'il vous prenait fantaisie de teinter d'une façon distincte, sur la carte d'Allemagne, les régions où des lois différentes régissent les rapports pécuniaires des époux, vous auriez vraisemblablement l'impression d'un véritable manteau d'Arlequin. Plus de cent couleurs s'en détacheraient, tantôt groupées, tantôt disséminées de telle façon que l'œil saute de l'une à l'autre sans passer par les nuances intermédiaires. Il n'y a pas un jurisconsulte qui soit capable de démêler cet écheveau de lois (1). »

Les mêmes inconvénients appellent les mêmes remèdes. Aussi le besoin d'unification s'était-il depuis longtemps fait sentir en Allemagne. Mais, nous l'avons dit, une codification n'est pas l'œuvre d'un jour. Le mouvement qui l'a préparée a été aussi lent en Allemagne qu'en France. Dès 1643, le jurisconsulte Couring, s'emparant d'une idée qui avait déjà sans doute pénétré dans la doctrine, formulait le vœu d'un Code civil uniforme. En 1668, Leibniz, dans son ouvrage : *Ratio corporis juris reconcinnandi*, laissait entrevoir la même préoccupation. En 1708, il écrivit un plan de Codes généraux applicables à tous les pays allemands, et, d'après l'opinion d'Endemann, ses travaux ont grandement influé sur la formation du droit général prussien, codifié en 1794.

L'invasion des armées françaises et la conquête des pays germaniques par Napoléon firent oublier un moment tous ces grands projets. Mais la chute de Napoléon en

____

(1) *Introduction à l'étude du Code civil allemand*, Berlin, 1896.

1814 rendit à l'Allemagne sa vie nationale, et, si elle n'atteignit pas à l'unité politique, elle devint un puissant foyer d'érudition, et se signala par de grands progrès dans les lettres, les sciences et le droit. Un professeur à l'Université d'Heidelberg, nommé Thibaut, reprenait les idées de Couring et de Leibniz dans un livre publié en 1814, où il demandait un Code civil uniforme pour tous les pays de la Confédération germanique. En 1849, le Parlement de Francfort se fit le porte-parole de ces aspirations nationales, et la Constitution du 28 mars 1849, article 64, chargea les pouvoirs publics d'élaborer des lois générales sur le droit civil, le droit commercial, le droit pénal, et la procédure criminelle. Mais le Parlement de Francfort fut dissous par la force le 30 mai suivant et avec lui s'évanouit cette tentative de réformes que le défaut de temps seul avait empêché d'accomplir.

L'Allemagne devint ensuite la proie de rivalités intestines qui aboutirent, en 1866, à la dissolution de la Confédération germanique. L'unification du droit en fut retardée. Pourtant, en 1862, la Conférence de Dresde prépara un projet de loi sur les obligations qui resta à l'état d'ébauche et ne reçut aucune sanction législative, mais dont s'inspirèrent plus tard les auteurs du Code.

Ce fut seulement après les mémorables événements de 1870-1871 que l'Allemagne, entrée en possession de son unité politique sous l'hégémonie de la Prusse, put reprendre ses tentatives de codification.

Toutefois, la Constitution du 16 avril 1871 (art. 4,

n° 13) se prêtait mal encore à leur succès, car les attributions des pouvoirs législatifs de l'Empire ne s'étendaient pas à tout le droit civil, mais à la seule matière des obligations. Ces attributions ne tardèrent pas à être étendues, sur la proposition des représentants Miquel et Lasker, par la loi du 20 décembre 1873, qui déclara matière fédérale tout le droit civil, le droit pénal et la procédure.

Une commission de cinq membres reçut la mission de déterminer les grandes lignes d'un plan de Code civil. Le travail de cette commission fut présenté au Conseil fédéral qui l'adopta le 15 avril 1874.

Il fallait ensuite procéder à la rédaction du projet dont le plan venait d'être tracé. Ce fut l'œuvre d'une nouvelle commission de onze membres instituée par le Bundesrath. Cette nouvelle commission tint sa première séance le 17 septembre 1877. La tâche fut répartie entre cinq de ses membres (1), qui durent chacun présenter un projet distinct sur les grandes divisions du Code : titre préliminaire, personnes, choses, obligations, droits de famille et successions.

Le travail ainsi exécuté manqua presque nécessairement d'homogénéité ; au lieu d'un seul projet, dont toutes les parties se fussent reliées les unes aux autres, on en eut cinq ajoutés ensemble, sans continuité entre eux et basés sur des doctrines dissemblables.

(1) Ces cinq membres étaient : Gebhard (Bade), Johon (Prusse), V. Kübel (Wurtemberg), Planck (Prusse) et V. Schmitt (Bavière).

Aussi la commission du Conseil fédéral dut-elle procéder à une refonte complète de ce travail. Cette commission comprenait 24 membres ; ses travaux durèrent cinq années, du 1ᵉʳ avril 1890 au 19 juin 1895, et elle ne se réunit pas moins de 472 fois. Elle présenta au Conseil fédéral son projet entièrement refondu.

Ce projet subit encore d'importantes modifications, de nombreuses additions et retranchements d'articles et arriva ensuite devant le Reichstag qui l'adopta tel quel en troisième lecture, et le sanctionna de son vote par 222 voix contre 48, le 1ᵉʳ juillet 1896.

Le même jour, une ordonnance impériale promulguait le nouveau Code civil allemand, applicable sur tout le territoire de l'Empire et dans le ressort des consulats allemands, à partir du 1ᵉʳ janvier 1900.

Il n'avait rencontré au sein du Reichstag aucune résistance sérieuse ; seuls, les représentants des pays annexés protestèrent contre les modifications apportées par le projet aux droits de famille, et s'abstinrent dans le vote sur l'ensemble.

Ces travaux législatifs furent conduits avec une assiduité persévérante et une sage lenteur. On n'y rencontre pas la précipitation qui présida à l'élaboration du Code civil français.

IV

Cherchons maintenant à caractériser dans leurs traits généraux ces deux œuvres importantes qui ont ouvert chacune, dans le pays où elles sont nées, une ère juridique nouvelle.

I. — L'esprit général du Code civil français peut se ramener à trois idées fondamentales :

1° Il a conservé du passé tout ou presque tout ce qui n'était pas incompatible avec les principes nouveaux de la Révolution ;

2° Pour opérer l'unité de législation, il a emprunté une partie de ses règles aux pays de coutumes, et l'autre partie aux pays de droit écrit, mais en s'inspirant surtout du droit coutumier ;

3° Il a sanctionné dans l'ordre civil les grandes réformes accomplies par l'Assemblée constituante.

Ce Code a eu de fervents admirateurs qui l'ont considéré comme l'idéal du droit privé, et de violents contempteurs qui ont vu en lui une cause de décadence sociale (l'école de Le Play et les écoles socialistes). Les esprits impartiaux savent se tenir à égale distance de ces exagérations. Sans doute, il s'en faut de beaucoup que le Code civil soit une œuvre parfaite, et à supposer qu'il eût été parfait à son origine, il ne le serait plus aujourd'hui, parce qu'une législation n'est pas faite pour rester stationnaire. Ses rédacteurs, du reste, l'avaient parfaitement compris : « Un Code, ont-ils dit, quelque complet qu'il puisse paraître, n'est pas plutôt achevé que mille questions inattendues viennent s'offrir au magistrat. Car ces lois, une fois rédigées, demeurent telles qu'elles ont été écrites. Les hommes, au contraire, ne se reposent jamais ;

ils agissent toujours : et ce mouvement qui ne s'arrête pas, et dont les effets sont diversement modifiés par les circonstances, produit à chaque instant quelque combinaison nouvelle, quelque nouveau fait, quelque résultat nouveau. » (Discours préliminaire.)

Il n'en est pas moins vrai que, si l'on se reporte à l'époque de sa rédaction, le Code civil apparaît comme une œuvre très remarquable, et on est étonné que, au sortir de la tourmente révolutionnaire, ses auteurs aient su lui donner cette empreinte de sagesse et de modération.

II. — Le Code civil porte en lui le sceau du caractère général du génie français, qui a peu de chose de bien exclusivement national, et qui s'assimile volontiers les éléments étrangers au point d'en faire une création originale ; c'est ce caractère d'universalité qui fait le mérite du Code civil. Il est essentiellement humain, car les droits qu'il détermine sont attachés à la qualité d'homme plutôt qu'à celle de Français, il a détruit les derniers vestiges de l'esprit de la cité antique. C'est aussi une législation sans formalisme outré, sans symboles, d'une forme abstraite et austère.

C'est là ce qui a fait sa destinée sans précédents, car il s'est, on peut le dire, répandu dans le monde entier et a été le point de départ d'un mouvement universel de codification des lois privées. Son action dans les pays allemands s'est perpétuée jusqu'à nos jours. Il fut d'abord, il est vrai, imposé par la conquête. Les territoires réunis à la République française, lors de la promulgation du Code civil, le reçurent à titre de territoires français, Tels le Luxembourg, le Palatinat, la partie de la Prusse rhénane et de la Hesse-Darmstadt située sur la rive gauche du Rhin.

Napoléon l'imposa ensuite aux départements hanséatiques (sénatus-consulte du 13 décembre 1810) et au Grand-Duché de Berg (décret du 17 décembre 1811).

Mais d'autres pays l'adoptèrent spontanément et volontairement. Ce sont, pour ne citer que les pays germaniques dont nous nous occupons : le royaume de Westphalie (1ᵉʳ janvier 1808) ; le Hanovre, lors de sa réunion à la Westphalie, en 1810 ; les Grands-Duchés de Bade, de Francfort, de Nassau, de Varsovie ; la ville libre de Dantzig.

On pouvait croire un moment que le Code civil français allait s'implanter définitivement en Allemagne et donner à ce pays l'unité de législation, lorsque la chute de Napoléon mit fin à son expansion.

Un mouvement de violente réaction se dessina alors contre lui, et Savigny fut l'un de ses plus violents détracteurs. Cependant, chose digne de remarque, alors que d'autres États qui avaient accepté le Code Napoléon le rejetèrent une fois qu'ils eurent recouvré la liberté, les pays allemands, qui avaient engagé la lutte suprême contre la puissance napoléonienne, conservèrent la législation française.

III. — On est donc mal venu à dénigrer de parti pris une législation qui a eu une telle influence sur la destinée des peuples. Le Code civil français se distingue en effet par des qualités qu'on ne retrouve pas ailleurs au même degré, et on ne saurait trop louer sa précision, sa clarté et même sa méthode.

Il sauvegarde la liberté civile et individuelle en ne reconnaissant au louage de services qu'une durée limitée (art. 1780) ; il favorise la circulation des biens en restreignant le plus possible les cas où ils peuvent être frappés d'indisponibilité ; il a aboli l'ancienne hiérarchie des terres et des personnes et affranchi le sol de toutes les redevances et des droits multiples dont l'avait grevé le régime féodal.

Une de ses doctrines fondamentales est d'avoir fait abstraction des croyances religieuses dans la réglementation des droits de famille.

Ce Code n'est pas exempt de critiques :

Il a porté une grave atteinte à la famille par l'institution du divorce, l'abolition de la recherche de la paternité, et en affaiblissant la puissance paternelle par la suppression du droit d'exhérédation.

En matière de tutelle, il a sacrifié les droits des mineurs en décrétant le partage judiciaire forcé ; en matière de propriété, il a omis d'organiser la publicité des transmissions immobilières, et il a complètement négligé la protection de la propriété mobilière. Dans le régime des successions, il a beaucoup trop restreint la quotité disponible, et le mode de composition des lots dans le partage a eu une répercussion des plus fâcheuses sur les intérêts agricoles.

Quelques-uns de ces défauts ont été atténués par des lois postérieures. La loi du 23 mars 1855 a organisé, quoique très imparfaitement, la publicité des transmissions d'immeubles, celle du 10 juillet 1850, la publicité du contrat de mariage ; celle du 27 février 1880 a assuré la protection de la fortune mobilière du mineur, etc.

Malgré ces retouches successives, le Code civil n'est plus en harmonie avec l'état économique de la société présente, et bien des matières nouvelles demanderaient une réglementation spéciale. C'est ainsi que les personnes morales, dont le Code suppose l'existence, ont été totalement négligées par lui ; la loi du 1er juillet 1901 aurait comblé heureusement cette lacune, si les passions politiques ne lui avaient donné le caractère d'une loi de circonstance et d'espèce ; c'est ainsi encore que l'emphytéose a été passée sous silence ; ce n'est que tout récemment qu'une loi du 25 juin 1902 a réglementé la matière. Le Code a de même laissé de côté les règles sur la propriété artistique et littéraire, sur la déconfiture des non-commerçants, les offices ministériels, les valeurs au porteur et le contrat d'assurances.

V

I. — Le nouveau Code civil allemand a définitivement aboli le Code Napoléon dans les pays germaniques où il était encore en vigueur.

Il a été rédigé sous l'inspiration d'une sorte d'orgueil national, et il se caractérise avant tout par une brusque rupture avec les principes séculaires du droit romain. L'absence de tout formalisme y est encore plus accentuée que dans le Code français.

Ses rédacteurs ont voulu lui donner une allure moderne, et ils ont fait entrer en ligne de compte les découvertes de la science et les moyens nouveaux mis par elle à la disposition de l'homme. Mais il se ressent manifestement de l'influence théorique et doctrinale des universités allemandes.

Le Code français était surtout le fruit de la pratique et de l'expérience ; il ne visait pas à être un guide d'enseignement, il s'était borné à formuler les règles usuelles d'une façon simple et claire ; le souci de l'originalité a parfois fait tomber les rédacteurs du Code civil allemand dans la subtilité. Ils ont échafaudé, par exemple, une théorie des plus obscures de l'acte juridique sur les effets attachés à la déclaration unilatérale de volonté, et dans le but de renouveler ainsi la matière des obligations ; ils ont abandonné les notions simples et claires du droit romain et du droit français pour des formules compliquées et parfois incompréhensibles.

II. — Cette prétention des auteurs du nouveau Code allemand à une œuvre doctrinale a pourtant abouti à l'adoption d'un plan méthodique plus rationnel que celui du Code français. Ce dernier a rangé les diverses matières du droit civil dans l'ordre suivant : les personnes, la propriété et ses diverses modifications, les successions, les donations et les testaments, les obligations conventionnelles en général, le contrat de mariage, les contrats les plus importants, les privilèges et les hypothèques et enfin la prescription.

Pendant longtemps l'enseignement des Facultés avait suivi cet ordre peu logique, qu'on ne saurait assurément critiquer dans un Code fait avant tout pour les besoins de la pratique, mais qui ne répond pas à la progression naturelle de l'enseignement. Aussi, depuis quelques années. a-t-on rompu avec cette méthode, et le classement des matières a été modifié de la façon suivante : on commence par l'étude des généralités et des principes qui dominent le droit tout entier, puis on passe à celle des personnes, des choses et du droit de propriété, viennent ensuite les obligations en général et les divers contrats, enfin le contrat de mariage, les donations, les testaments et les successions.

Les grandes divisions du Code civil allemand suivent une progression analogue. Il débute par un ensemble important de dispositions consacrées aux droits en général rayonnant sur toutes les autres matières du droit. De cette façon, les matières spéciales se trouvent élaguées et les redites sont évitées.

Les dispositions générales sont contenues dans les 240 premiers articles. Le Code s'occupe ensuite des obligations (art. 241 à 853), puis du droit sur les choses (art. 854 à 1296). Le droit de famille a été séparé des règles générales relatives aux personnes qui sont contenues dans les dispositions du début il fait l'objet des articles 1297 à 1821. Ce n'est qu'à la fin que le Code a traité de la matière des successions qui suppose connues toutes les autres règles ; elle occupe les articles 1822 à 2385.

Cet ordre est assurément plus logique que celui qui est suivi par le Code civil français, mais il convient surtout à un traité didactique, et n'a qu'une importance secondaire lorsqu'il s'agit d'un Code.

Certaines matières traitées par le Code français ne se retrouvent plus dans le Code allemand, ce sont : la nationalité, les preuves et les actes de l'état civil. Il ne faudrait pas conclure de là à une lacune, cette omission a été volontaire, et on a jugé, peut-être avec raison, que ces matières relevaient plutôt de la procédure que du droit civil pur.

D'autres matières ont été également éliminées, mais comme devant faire l'objet de lois spéciales ; entre autres, l'emphytéose, les droits de chasse et de pêche, les livres fonciers dont le Code suppose l'existence, et aussi les droits féodaux.

Par contre, le Code allemand contient des dispositions précises sur des matières dont le Code civil français ne s'était pas occupé, parce qu'à l'époque où ce dernier a été fait, les institutions auxquelles elles se réfèrent n'avaient pas encore pris ou repris le développement qu'elles ont acquis depuis ; de ce nombre sont les personnes juridiques et les obligations au porteur.

III. — Si maintenant nous voulons résumer les caractères principaux du nouveau Code civil allemand, nous dirons :

1° Qu'il a laissé une large place à la législation et aux coutumes des Etats particuliers ; c'est là une conséquence de ce fait que l'unité politique n'est pas aussi parfaite en Allemagne qu'en France, et que les Etats particuliers y jouissent encore d'une certaine autonomie ;

2° Qu'il a observé dans la distribution des matières traitées par lui un ordre scientifique rigoureux, que chacune d'elles forme un tout dominé par des formules générales assez larges pour s'appliquer même aux hypothèses qu'il n'a pas prévues ;

3° Qu'il a abdiqué toute espèce de formalisme traditionnel et qu'il n'a usé des prohibitions que dans la mesure la plus restreinte ;

4° Qu'il a abandonné également les idées révolutionnaires et les principes égalitaires du droit français :

5° Qu'il a organisé aussi parfaitement que possible la publicité des transmissions immobilières et des droits réels immobiliers, et mieux protégé que le droit français la propriété mobilière ;

6° Qu'il a tenu compte des progrès accomplis par l'évolution féministe en donnant à la femme des droits assez étendus ;

7° Que s'il n'a pas assuré au lien conjugal toute la protection désirable, surtout en ce qui concerne les droits de l'époux absent, il a néanmoins sauvegardé les droits des mineurs, par l'énergique institution du tribunal des tutelles, ceux de la femme et de l'enfant par l'institution salutaire de la recherche de la paternité.

Ce sont là, quoi qu'on en puisse dire, des qualités maîtresses qui compensent suffisamment les défauts inévitables d'une œuvre de ce genre.

Mais quels que soient les mérites de cette codification, ils n'égalent pas ceux du Code civil français, car celui-ci a été vraiment son initiateur, et le Code allemand, s'il se distingue des autres par son originalité, n'en est pas moins l'œuvre de continuateurs et d'imitateurs.

Les jurisconsultes allemands sont naturellement partagés sur les mérites de leur Code, et leur jugement varie suivant l'école à laquelle ils appartiennent. Sans entrer dans le fond de ces débats, on peut soutenir que les imperfections, inhérentes à toute œuvre législative, qui peuvent se rencontrer dans ce Code, ne peuvent être mises en balance avec les avantages qu'entraîne avec elle pour un pays la possession d'une loi civile unique.

Nous allons passer en revue les matières dans lesquelles l'esprit des deux Codes se caractérise et se différencie. Chacune d'elles fera l'objet d'un chapitre distinct, et nous nous efforcerons de mettre en relief les points sur lesquels ces différences apparaissent le mieux.

CHAPITRE PREMIER

I

Alors que le Code civil français contient un titre préliminaire relatif à la publicité, aux effets et à l'application des lois en général, le Code allemand est muet sur ce point. Cette dernière méthode est plus logique. Il s'agit là, en effet, de dispositions générales rayonnant sur le droit tout entier, aussi bien sur le droit public constitutionnel et administratif, que sur le droit privé, et dont la place n'est pas dans un Code particulier.

Aussi le législateur allemand a-t-il réservé la solution de ces questions qui font l'objet des lois spéciales d'introduction et d'exécution, fixant l'époque d'entrée en vigueur du Code et déterminant son domaine d'application.

Le titre préliminaire du Code civil allemand contient 218 articles.

La première section de ce titre détermine l'étendue d'application des dispositions du nouveau Code civil. Les articles 7 à 31 concernent le droit international privé, et méritent de retenir quelque temps notre attention.

II

Le Code civil français n'avait posé, dans son article 3, que des règles fort sommaires touchant les conflits possibles entre la loi française et la loi étrangère et son laconisme avait ouvert le champ à une interprétation quelque peu arbitraire ; le Code allemand, voulant éviter ce danger, est entré dans les détails et a donné des dispositions assez précises.

Il est à noter que le projet primitif du Code civil allemand laissait complètement de côté le droit international privé. Sans doute réservait-on à cette matière l'honneur d'une codification particulière. Mais la commission nommée par le Conseil fédéral et chargée de la revision du projet, s'empressa de combler cette lacune. Le droit international privé fut réglementé par elle dans un titre spécial, intitulé : « Application des lois étrangères », qui en constituait une codification assez complète. Mais le Conseil fédéral restreignit la portée de l'œuvre de la commission, dont il abandonna les vues ambitieuses. Il se contenta d'insérer la matière du droit international privé dans le titre préliminaire et renonça à en faire l'objet d'un livre distinct. En outre, il supprima purement et simplement plusieurs dispositions du projet de la commission, notamment celles qui étaient relatives aux droits réels et aux obligations. Il se borna à régler, en vue des besoins de la pratique, certaines questions qui offraient un intérêt particulier.

III

La commission et le Conseil fédéral avaient chacun
un point de départ doctrinal différent. La première avait
adopté comme principe que la législation interne a pour
mission de déterminer non seulement l'étendue d'application de la loi nationale, mais aussi celle de la loi étrangère ; et qu'elle doit, par suite, déterminer pour le juge la
loi étrangère qu'il doit appliquer lorsqu'il y a lieu d'écarter la loi nationale. Dans le système de la commission,
le droit international privé au point de vue de chaque
Etat, fait partie intégrante de la législation interne, d'où
il suit que le juge chargé d'appliquer une loi étrangère
n'a point à s'occuper des règles qui déterminent son étendue d'application, mais doit se référer aux règles de fond
de cette loi. C'est en effet la loi allemande qui circonscrit à la loi étrangère son empire, et cette dernière n'a de
force que par la volonté et la permission du législateur
interne.

Le Conseil fédéral adopta un système tout opposé. Le
titre préliminaire, modifié par lui détermine d'abord l'é-
tendue d'application de la loi allemande. Il fixe les cas
dans lesquels le juge devra appliquer la loi allemande ou
l'écarter, malgré le caractère de territorialité du droit.

Si c'est à la loi étrangère qu'on doit se référer, il précise les règles qui seront applicables au lieu et place des
dispositions de la loi allemande.

Toutefois, le législateur allemand formule deux règles

générales devant servir de base pour la détermination de l'empire des lois étrangères en Allemagne.

La première est contenue dans l'article 7. « La capacité (Geschäftsfähigkeit) d'une personne est régie par la loi du pays auquel cette personne appartient. »

La seconde, écrite dans l'article 11 est relative aux actes juridiques passés en pays étranger. Ces actes seront valables quand ils auront été passés dans la forme prescrite par la loi de ce pays. C'est la règle *locus regit actum*. Le Code allemand s'est donc rallié à la doctrine moderne de la *personnalité du droit*. Il a suivi le mouvement qui, presque partout, conduit à abandonner le système de la territorialité pure qu'on ne retrouve guère que dans les pays anglo-saxons. De plus, comme le Code français, il fait dépendre la loi personnelle, non plus du *domicile*, mais de la *nationalité*. Au point de vue de la capacité, les étrangers sont régis par leur loi nationale, et non plus par la loi de leur domicile. « Ainsi s'est accomplie, dit M. V. Keidel (1), dans le domaine de la législation allemande, une réforme dont la portée dépassera les limites territoriales de l'Allemagne et marquera une nouvelle conquête de la science du droit international privé. »

Le système de la *loi nationale* est le principe conducteur du législateur allemand. Toutefois, ce principe n'est

(1) « Le droit international privé dans le nouveau Code civil allemand ». Clunet, *Journal de droit international privé*, année 1898, p. 884.

pas absolu, et on voit encore, en plusieurs endroits du titre préliminaire, reparaître la loi du domicile. L'intérêt de l'Etat fait même parfois écarter l'application de la loi nationale.

Nous venons de voir, en effet, que le Conseil fédéral avait abandonné les vues systématiques de la commission. « Dans son travail de revision, dit M. Keidel (1), le Bundesrath a simplement pris à tâche d'élucider certaines questions pratiques d'une particulière importance, sans chercher à faire œuvre d'ensemble et à étager un système doctrinal sur des principes généraux. »

IV

Examinons rapidement les solutions données sur les différents points envisagés par le titre préliminaire.

Nous ne trouvons d'abord aucune disposition explicite sur la capacité juridique des étrangers dans la matière du droit civil. Le Code se contente de poser en principe que la capacité d'une personne est régie par sa loi nationale et que la loi allemande sera seule prise en considération si la loi nationale de l'étranger y renvoie purement et simplement. Bien que le titre préliminaire ne le dise pas, si la loi étrangère se désiste expressément en faveur d'une nation tierce, c'est à la législation de cette dernière qu'il conviendra de se référer.

Ce que le Code allemand envisage, c'est la capacité de

____

(1) Clunet, *op. cit.*, 1899, p. 19.

figurer en personne dans un acte juridique et non pas le concept abstrait de capacité.

Supposons qu'un étranger, résidant en Allemagne, y participe à un acte juridique: s'il réunit les conditions de capacité requises par la loi allemande, il est considéré comme pleinement capable. Peu importe que cette capacité lui fasse défaut d'après sa loi nationale, sa situation légale à ce point de vue est déterminée par la loi allemande. Toutefois, cette règle ne vise que les transactions courantes, et il faut en excepter les conventions relatives aux droits de famille, aux droits de succession et à ceux qui sont relatifs à un immeuble situé en pays étranger. Dans tous ces cas, la loi nationale reprend son action et la majorité de l'étranger résidant en Allemagne sera déterminée par la loi de son pays ; et si, par la suite, il acquérait la nationalité allemande, il resterait majeur, quand bien même il n'aurait pas atteint l'âge fixé par la loi allemande pour la majorité, à l'époque de sa naturalisation.

V

En ce qui concerne la protection des incapables, c'est encore la loi nationale de ces derniers qui sera seule prise en considération. Toutefois, des raisons d'ordre pratique ont fait apporter à cette règle plusieurs dérogations. Ainsi, en matière d'interdiction, l'étranger qui a son domicile ou qui réside dans un pays d'Empire est interdit, conformément à la loi allemande, qui fixe la procédure à suivre, ainsi que les effets et les conditions de l'interdiction. De même, dans l'intérêt des incapables que l'on doit priver de l'exercice de leurs droits, les autorités allemandes ont le droit d'organiser la tutelle ou la curatelle des étrangers lorsqu'ils ont été interdits, ou bien lorsque la loi de leur pays permet de prendre à leur égard certaines mesures de protection. Il va de soi, d'ailleurs, que toutes ces mesures ne sont prises que si les autorités du pays d'origine de l'étranger n'ont pris elles-mêmes aucune mesure semblable.

Quant aux personnes morales, elles sont soumises à la législation du lieu où elles ont leur siège. Celles qui ont leur siège à l'étranger n'acquièrent la capacité juridique dans le pays d'Empire que par décision du Conseil fédéral. Cette disposition se justifie d'autant plus que les associations privées allemandes, qui ne sont pas régies par des lois spéciales, ne peuvent elles-mêmes obtenir la personnalité civile que si elle leur a été concédée par un acte administratif. On ne pourrait donc donner aux associations étrangères une situation privilégiée.

VI

Pour régler les questions relatives au mariage, on distingue s'il s'agit de conjoints étrangers ou de conjoints allemands. L'étranger qui vient se marier dans un pays d'Empire est régi, quant à sa capacité, par la loi de son pays et non par la loi allemande. Les sujets allemands voient leurs rapports réglés par la loi allemande, même s'ils demeurent à l'étranger, à condition que l'un des deux conjoints au moins ait conservé la nationalité allemande.

Le régime matrimonial est réglé par la loi allemande toutes les fois que le mari est Allemand. Dans le cas contraire, on applique la loi du pays dont le mari était sujet à l'époque de son mariage, même si postérieurement il acquiert la nationalité allemande. Toutefois, la loi allemande n'admet pas l'immutabilité des conventions matrimoniales, même à l'égard des époux étrangers.

Le divorce et la séparation de corps relèvent aussi de la loi personnelle du mari. Cependant pour que le divorce ou la séparation de biens soient prononcés dans un pays d'Empire, il faut que l'action ait été également recevable selon la loi allemande.

VII

C'est encore la loi personnelle du mari qui règle la filiation légitime et la déclaration de légitimité.

Lorsque le père était Allemand au moment de la naissance, ou si son décès remonte à une date antérieure, et si, d'ailleurs il possédait à ce moment la nationalité d'Empire, on applique la loi allemande. C'est encore la loi allemande qui est prépondérante en cas de légitimation lorsque le père était Allemand à l'époque où la légitimation est intervenue. Si le père est étranger et que l'enfant possède la nationalité d'Empire, la légitimation est subordonnée, conformément à la loi allemande, au consentement de l'enfant ou d'un tiers avec lequel il se trouve dans un rapport de parenté déterminé.

La loi allemande s'applique aux rapports juridiques entre la mère et l'enfant naturel lorsqu'un lien d'allégeance rattache la première à l'Etat allemand ; et il en est de même au cas où la mère a perdu la nationalité d'Empire, tandis que l'enfant l'a conservée. Le père de l'enfant naturel doit des aliments à la mère et à l'enfant, mais dans la mesure ordonnée par la législation nationale de la mère au moment de la naissance.

Il ne s'agit ici que de l'obligation qui incombe au père de subvenir aux besoins de la mère et de supporter les frais résultant pour celle-ci de la grossesse et de l'accouchement.

VIII

En matière de successions, le Code allemand a prévu deux hypothèses :

1° Celle de la succession d'un Allemand qui avait son dernier domicile à l'étranger ; elle est régie par la loi allemande ;

2° Celle de la succession d'un étranger qui était domicilié en Allemagne au moment de son décès ; elle est régie par la loi de l'Etat dont le défunt était ressortissant en dernier lieu.

Dans l'un comme dans l'autre cas, le Code allemand se rallie au système de la loi nationale.

C'est là une différence profonde avec la loi française.

Celle-ci distingue entre les meubles et les immeubles : *les meubles* sont régis par la loi du domicile, c'est-à-dire la loi du pays où le défunt était domicilié au moment de la mort ; quant aux *immeubles*, ils sont régis par la loi territoriale ; ils forment autant de successions distinctes qu'il y a de pays différents dans lesquels ils sont situés ; les immeubles situés en France sont régis par la loi française ; les immeubles situés à l'étranger, par la loi du pays de leur situation. Ce système dérive de la distinction fondamentale qui domine tout le droit français entre les meubles et les immeubles. Il est d'ailleurs traditionnel et d'origine coutumière.

Le Code allemand, au contraire, ne fait aucune distinction entre les biens meubles et les immeubles. Il est dès lors logique qu'abandonnant les vieilles idées qui servaient de base au système de la territorialité, il ait fait prévaloir intégralement l'idée de personnalité du droit : la *succession est une* et la transmission des biens est réglée par la loi *nationale du défunt*, quels que soient le lieu de son domicile et la situation de ses biens.

IX

Telles sont, en résumé, les dispositions du titre préliminaire sur les questions de droit international privé qui ont retenu l'attention du législateur. Sa lacune la plus grave est la prétérition de la matière des droits réels et des obligations envisagées au point de vue des conflits de lois possibles.

Malgré tout, le Code civil allemand est ici supérieur au Code français. D'abord, quoi qu'on puisse penser de ses procédés empiriques, ils sont intentionnels. Le législateur allemand n'a pas prétendu condenser dans les articles 7 à 31 du titre préliminaire toute la matière du droit international privé ; il n'a pas visé, nous le répétons, à faire œuvre doctrinale, il s'est borné à régler certains cas de détail, et il a apporté dans cette œuvre un sens pratique incontestable. « S'il n'a pas devancé l'œuvre de la science, dit Clunet (*op. cit.*, 1899, p. 280), nul doute qu'il n'ait suivi de très près ses travaux et n'ait cristallisé, en quelque sorte, dans une série de textes suffisamment précis, des idées doctrinales dont la législation allemande s'était jusqu'à présent tenue à l'écart. »

CHAPITRE II

DES PERSONNES.

SECTION I. -- **Des personnes juridiques.**

I

Le Code civil français ne contient que peu de dispositions relatives aux personnes juridiques. On ne peut guère citer que les articles 910 et 937 où il est question des hospices, des pauvres et des établissements d'utilité publique ; puis les articles 1596 et 1712, 2121, § 4. La législation applicable à la matière était contenue dans des lois éparses. On sait d'ailleurs que la Révolution française avait détruit toutes les corporations, communautés et congrégations et déclaré leurs biens nationaux ; aussi n'est-il pas étonnant que le Code civil, promulgué au lendemain de ces graves événements, se soit montré aussi sobre de réglementation à leur égard.

Du reste, il faut reconnaître que cette question n'est pas de pur droit privé ; elle touche aussi au droit public et administratif sous beaucoup de rapports. On s'explique ainsi que le Code civil français ne se soit occupé des personnes morales que d'une façon pour ainsi dire accessoire, à l'occasion d'autres matières dont il traitait principalement, par exemple : pour les dons et legs, pour l'incapacité d'acheter et de vendre, pour les baux, les hypothèques légales, etc.

Le Code français ne s'occupe pas des lois de police applicables aux personnes morales. C'est qu'en effet ces lois sont plus instables que les lois destinées à régir les rapports entre particuliers ; elles varient avec l'état politique du pays dont elles subissent le contre-coup. Aussi la législation des personnes civiles est-elle contenue dans des lois spéciales, dont un grand nombre ont été abrogées par la loi générale et récente du 1er juillet 1901, relative au contrat d'association.

Il serait donc injuste de reprocher aux rédacteurs du Code français leur silence sur ce point. Il faut ajouter, au surplus, que les idées de l'époque sur la personnalité civile étaient encore à l'état d'ébauche, et que l'esprit d'association n'avait pas encore repris l'essor et le développement qui ont coïncidé avec la révolution économique et industrielle qui s'est accomplie depuis lors.

L'association est aujourd'hui un fait presque universel ; un instant étouffée par la Révolution française, elle reprend peu à peu ses droits et sa place dans la société. Aussi les législateurs modernes ont-ils dû tenir compte de ce fait économique considérable ; c'est pourquoi les nations dont l'unité législative ne s'est réalisée qu'assez tard, ont incorporé à leurs Codes les dispositions relatives aux personnes juridiques. Le Code civil espagnol est le premier qui soit entré dans cette voie, et il a, dans un chapitre spécial (tit. II, chap. II, « De las personas juridicas », art. 35 à 39) condensé les principales règles de la matière.

II

Le Code civil allemand lui a consacré un titre à part : les « personnes juridiques » font l'objet de la 4ᵉ section du livre premier (art. 41 à 63).

Voici quel est son système : Il écarte d'abord les personnes juridiques qui n'ont aucun intérêt privé et dont l'existence est liée à l'organisation politique du pays ; puis les associations économiques, comme les compagnies d'assurance, les sociétés à responsabilité limitée qui sont régies par des lois spéciales d'Empire. Il laisse également en dehors de son action les associations qui touchent à des intérêts dont la réglementation a été abandonnée aux Etats particuliers. Le Code civil allemand ne vise que les associations à tendances dites *idéales* et aux associations professionnelles, mais qui n'ont *aucun but économique*, qui ne poursuivent pas la réalisation d'un profit pécuniaire.

Les associations privées qui ne sont pas régies par des lois spéciales ne peuvent obtenir la personnalité juridique qu'*autant qu'elle leur a été concédée par un acte administratif*, voilà le principe. Mais cet acte diffère suivant les cas : tantôt il consiste dans une inscription sur le registre des sociétés tenu au greffe de l'*Amstgericht* ou tribunal compétent, c'est-à-dire du siège de la société, tantôt c'est une autorisation émanant des pouvoirs publics de l'État confédéré sur le territoire duquel elles ont leur siège social (art. 21), mais seulement lorsque l'existence de l'association n'est pas reconnue par une loi spéciale d'Empire. Lorsque le siège de la société est à l'étranger, celle-ci ne peut obtenir la capacité juridique qu'en vertu d'une décision du Conseil fédéral.

L'inscription sur le registre des sociétés, nécessaire à l'acquisition des droits de la personnalité juridique, est subordonnée à certaines conditions énumérées par le Code et dans le détail desquelles nous n'entrerons pas. Ce qu'il importe de savoir, c'est que l'administration peut s'opposer à la constitution des sociétés et à l'inscription sur le registre *ad hoc* tenu au greffe de l'Amstgericht, ou exiger la radiation d'une inscription déjà opérée.

Le tribunal doit, à cet effet, transmettre à l'administration compétente la requête qui lui est présentée à fin d'inscription, lorsque toutefois les conditions requises pour l'inscription sont remplies.

Si l'administration ne forme pas opposition à l'inscription dans un délai de six semaines, le tribunal ordonne l'inscription dans les registres d'association et la société prend la qualité et le nom de société inscrite.

Les registres sociaux sont publics et tout intéressé peut en prendre connaissance au greffe du tribunal.

On voit par là que l'autorité administrative n'est pas désarmée, et que la volonté seule des particuliers ne suf-

fit pas à créer des personnes juridiques, puisque l'autorité publique peut s'opposer à l'inscription de la société.
Ajoutons en second lieu que cette même autorité peut
provoquer le retrait des droits conférés par l'inscription,
dans plusieurs cas : lorsque la société menace la sécurité publique, ou qu'elle prend des décisions illégales,
ou encore lorsqu'elle sort du cercle des attributions qui
lui sont dévolues et qu'elle s'écarte du but pour lequel
elle a été instituée ; spécialement lorsqu'elle abandonne
la voie tracée par ses statuts pour poursuivre, soit un but
économique, soit politique ou religieux.

III

La loi française du 1er juillet 1901 est entrée dans une
voie encore plus hardie. Rompant résolument avec la
vieille idée que la personnalité civile ne peut être que
l'œuvre de l'autorité publique, qui seule peut lui donner la
vie, le législateur reconnaît aux particuliers le pouvoir
de créer par leur seule volonté, des personnes morales.
« Les associations de personnes, dit l'article 2, pourront
se former librement sans autorisation ni déclaration
préalable. »

Mais pour obtenir la capacité juridique, toute association doit être rendue publique par une *déclaration préalable* faite à la préfecture ou sous-préfecture du lieu où
se trouve le siège social, faisant connaître le titre et l'objet de l'association, le siège de ses établissements et les
noms, professions et domiciles de ceux qui, à un titre

quelconque, sont chargés de son administration ou de sa direction. Deux exemplaires des statuts doivent être joints à la déclaration.

La loi détermine et circonscrit l'étendue de la capacité juridique des associations ainsi déclarées.

Elle s'occupe aussi des associations reconnues d'utilité publique auxquelles elle attribue une capacité plus large. Il est regrettable que cette loi, libérale en somme, pour les associations en général, ait été entachée à l'égard des congrégations reigieuses, de dispositions spéciales, exclusives du droit commun, inspirées et dictées par un sectarisme étroit. Cette loi aurait pu opérer un grand bien social si ses dispositions générales, marquées au coin de l'intelligence des conditions et des besoins économiques modernes, n'étaient pas éclipsées en quelque sorte, par des préoccupations politiques et des haines confessionnelles ou de parti dont elles n'ont été que le prétexte. Mais nous n'avons pas à nous appesantir sur cette question qui ne rentre pas absolument dans l'objet de notre étude.

IV

Nous avons à signaler maintenant une autre différence profonde entre le droit français et le droit allemand. C'est que le premier ne connaît qu'une seule espèce de personne juridique privée : *l'association de personnes*, qu'il s'agisse d'associations poursuivant un but lucratif, comme les sociétés charitables, scientifiques ou littéraires, les syndicats professionnels, les congrégations religieuses ; tandis que le second, le droit allemand, reconnaît un autre type de personne morale : *la fondation* (Stiftung). La fondation ne corrrespond à aucun groupement des individus (Korperschaft) ; c'est une *masse de biens* soumis à un régime spécial ; c'est un patrimoine affecté à un but déterminé et investi directement de la personnalité juridique sans que personne en soit réputé propriétaire. La fondation peut être faite par acte entre-vifs ou de dernière volonté (art. 58 à 62). L'autorisation administrative est toujours nécessaire, et si la fondation est faite par testament, cette autorisation *produit un effet rétroactif* (art. 83 et 84).

Cette solution coupe court à toutes les difficultés avec lesquelles la jurisprudence française a été longtemps aux prises.

En droit français, une fondation ne constitue pas une personne juridique. Elle est valablement faite si elle s'adresse à un établissement déjà existant et si les conditions qu'elle stipule rentrent dans la compétence de cet établissement ; mais si la fondation comporte la création d'un établissement nouveau, la disposition est nulle comme s'adressant à une personne non encore conçue.

Cet obstacle a suggéré aux particuliers des procédés plus ou moins ingénieux pour tourner la loi et donner efficacité à leurs dispositions. S'il s'agit d'une donation entre vifs, il n'y aura aucune difficulté : il suffira d'organiser d'abord en fait l'établissement qu'on veut fonder, et au bout d'un certain temps de fonctionnement, de demander pour lui la *déclaration d'utilité publique*, et l'autorisation *d'accepter la libéralité*.

Si la fondation est faite par testament, ce qui est de beaucoup le cas le plus fréquent, le testateur chargera une personne qu'il instituera légataire de réaliser ses intentions après sa mort.

C'est le procédé du *legs avec charges*.

Il est parfaitement licite, car il est admis que les charges d'un legs peuvent en absorber entièrement le profit, sans lui enlever son caractère de libéralité. Mais il s'en faut que la validité de ce procédé soit universellement reconnue, et la question des fondations testamentaires est loin d'avoir réalisé l'unanimité des opinions dans la doctrine et la jurisprudence.

Le Code civil allemand a résolu la difficulté sans rien abandonner des prérogatives de l'autorité publique ; il n'astreint pas celui qui veut fonder un établissement à léguer ses biens à une personne réellement existante ; la fondation se suffit à elle-même ; mais elle a besoin, pour acquérir l'existence légale, d'un décret d'autorisation émanant de l'Etat dans lequel elle a son siège, ou du Conseil fédéral, si ce siège ne se trouve pas situé dans un pays d'Empire. Jusqu'à ce que l'autorisation intervienne, le fondateur peut revenir sur sa décision ; mais ce droit de révocation ne passe pas aux héritiers, si le fondateur avait présenté à l'autorité, avant sa mort, la requête en autorisation ou s'il avait chargé son notaire ou le tribunal de présenter la requête après son décès.

Lorsque l'autorisation est accordée, les biens légués sont censés avoir été transmis *avant l'ouverture de la succession*. Cette disposition constitue la clef de voûte de tout le système, c'est elle qui donne aux fondations toute leur efficacité.

Avec elle disparaissent toutes les subtilités du droit français et tous les détours employés dans la pratique. En Allemagne, à défaut de cette disposition du nouveau Code civil, le seul moyen eût été la substitution fidéicommissaire.

Le patrimoine aurait été légué d'abord à une personne déterminée, puis à l'établissement, dès que son existence aurait été reconnue. Mais ces complications ont été considérées comme inutiles et même dangereuses, étant donné le peu de temps nécessaire à l'autorité publique pour prendre sa décision ; aussi la règle de la rétroactivité de l'approbation administrative a-t-elle été inspirée par des motifs pratiques.

Nous passerons sous silence les dispositions du Code allemand sur la rédaction des statuts, l'administration des sociétés et fondations, leur dissolution et le partage des biens, qui nous entraîneraient à de trop longs développements.

Notre but est de mettre en relief les dispositions les plus caractéristiques des deux législations que nous examinons.

SECTION II. — Du commencement et de la fin de la personne physique.

La personnalité humaine commence à la naissance ; c'est à ce moment que l'enfant cesse d'être « pars viscerum matris » pour avoir une vie distincte.

Le droit français a adopté, au moins pour les successions (art. 725), les donations et les legs (art. 906), le principe romain d'après lequel l'enfant non encore né est capable d'acquérir des droits depuis l'époque de sa conception : « Infans conceptus pro jam nato habetur, quoties de commodis ejus agitur. »

Le Code allemand est muet sur cette règle ; cependant il en fait une application lorsqu'une succession échoit à un enfant conçu, pour lequel il a institué, le cas échéant, une curatelle (art. 1912, 1913).

L'époque dans laquelle peut se placer la conception est un peu plus longue en droit allemand qu'en droit français. Tandis que ce dernier fixe le maximum de la gestation à trois cents jours (art. 312), le premier admet pour la grossesse une durée de trois cent-deux jours (art. 1591).

La loi française exige deux conditions pour que la personnalité de l'enfant soit reconnue à sa naissance : il faut d'abord qu'il soit né vivant, et, en second lieu, qu'il soit né *viable*. Le Code civil allemand exige seulement que l'enfant ait vécu (art. 1er). Ainsi le fruit né prématurément, l'enfant qui étant né ne donne pas signe de vie, bien qu'il ait été constaté qu'au moment de l'accouchement il vivait encore, n'ont aucune capacité juridique. Seulement le Code allemand n'a pas indiqué à quel signe l'enfant pouvait être reconnu comme étant né vivant. C'est à celui qui prétend baser des droits sur la naissance de l'enfant à prouver que ce dernier est bien né vivant.

Lorsque plusieurs personnes ont trouvé la mort dans le même événement, la loi française à établi toute une série de présomptions légales en vue de déterminer l'ordre chronologique dans lequel elles sont mortes. C'est la théorie des *commorientes*. Le Code présume que c'est le plus fort qui a survécu. Voilà le principe général.Pour déterminer celui qui était le plus fort, la loi s'attache à la fois à l'âge et au sexe (art. 720 C. civ.).

Cette théorie, d'ailleurs inutile, n'a pas été reproduite dans le Code allemand. Du reste, presque toutes les législations étrangères l'ont écartée, et les *commorientes* sont présumés être décédés en même temps (art. 20 C. civ. allemand).

SECTION III. — De l'influence de l'âge et du sexe.

I

La loi française n'établit aucune transition entre l'état de minorité et la pleine majorité. Elle a bien organisé l'émancipation, mais celle-ci n'a lieu qu'exceptionnellement et dépend de l'accomplissement de certaines formalités. C'est assurément là un système défectueux.

Le Code civil allemand a établi une gradation dans la capacité des personnes, suivant leur âge. Aux termes de l'article 104, l'enfant qui n'a pas encore atteint l'âge de sept ans révolus est complètement incapable. Quant au mineur qui a atteint cet âge, il ne possède, d'après l'article 105, qu'une capacité limitée. Le principe est qu'il ne peut s'obliger passivement sans le consentement de son représentant légal, père ou tuteur. Mais l'obligation n'est pas absolument nulle ; elle est susceptible de ratification, soit de la part du représentant légal, soit de la part du mineur lui-même devenu majeur. Ici se place une disposition remarquable : tandis qu'en droit français la personne capable ne peut opposer l'incapacité du mineur avec lequel elle contracte, le législateur allemand lui donne la faculté de résilier le contrat jusqu'au moment de la ratification si elle a ignoré la qualité du mineur ou le défaut de ratification. Bien plus, elle peut dénier l'obligation tant que le mineur ne lui a pas remis une preuve écrite de la ratification de son représentant légal, à moins que ce dernier ne lui ait fait connaître son consentement d'une manière certaine. Cette ratification peut d'ailleurs être tacite de la part du représentant légal du mineur : si, par exemple, il fournit au mineur les moyens de s'acquitter de son obligation, s'il a remis ou a fait remettre au mineur les fonds avec lesquels ce dernier a payé son obligation, le contrat passé sans l'autorisation du représen-

tant légal du mineur sera néanmoins valable. Quant aux
obligations unilatérales consenties par le mineur sans
autorisation, elles sont sans effet.

II

L'émancipation produit des effets différents en droit
français et en droit allemand. Toutefois ce dernier a organisé, indépendamment de l'émancipation, une capacité
particulière pour le mineur qui veut entreprendre une
industrie pour son propre compte. (On trouverait une
institution analogue dans le pécule du fils de famille, en
droit romain.) Il faut d'abord, que le tribunal des tutelles (*Vormundschaftsgericht*), sorte de juridiction fami-
liale à la compétence très étendue, institution spéciale
de l'Allemagne, donne son assentiment ; l'autorisation du
tuteur ne suffit pas à cet effet, même si elle émane du
père elle est nulle sans l'homologation du tribunal des
tutelles. L'intervention de ce tribunal a pour but d'empêcher les erreurs et les fraudes, et de faire connaître aux
tiers, par un acte solennel, l'indépendance juridique du
mineur. La décision du père lui-même est soumise à ce
contrôle du tribunal des tutelles pour éviter qu'il ne
soustraie, par ce moyen, une partie de sa fortune à ses
créanciers. Le mineur ainsi autorisé est capable de contracter toutes les obligations que son industrie peut
rendre nécessaires ou utiles, comme le *filius familias*
romain s'engageait valablement *de peculio*.

Mais sa capacité ne va pas au delà de celle du tuteur lui-même ; pour les actes relatifs à son industrie, il est considéré comme étant autorisé par son tuteur ; c'est une autorisation générale qui remplace les autorisations spéciales à chaque acte.

De même que l'assentiment du tribunal des tutelles est nécessaire pour permettre au mineur de gérer une industrie, de même il est indispensable pour lui retirer cette autorisation. Une autorisation spéciale du tuteur peut valoir comme autorisation générale pour des actes de même nature. Ainsi lorsqu'il autorise le mineur à louer ses services à des personnes déterminées, le mineur se trouve par là même autorisé à contracter des engagements semblables avec d'autres personnes. C'est là une disposition tout à fait remarquable. Tandis qu'en droit français, l'intervention du tuteur est nécessaire pour chaque acte en particulier, en Allemagne, le tuteur peut donner au mineur le pouvoir d'accomplir seul plusieurs actes de même nature avec des personnes différentes.

Les pouvoirs du tuteur varient suivant l'importance des actes. Il y en a qu'il peut faire seul et il y en a d'autres qui sont réservés à l'homologation du tribunal des tutelles. Les articles 1305 et 935 du Code civil français, relatifs à la rescision pour cause de lésion et à l'acceptation des donations faites au mineur, ne sont plus en vigueur en Allemagne.

III

L'émancipation du droit allemand diffère profondément
de l'émancipation française.

Tandis qu'en droit français, le mineur émancipé ne
jouit que d'une capacité restreinte, intermédiaire entre
celle du mineur et l'état de majorité, l'émancipation allemande confère au mineur une capacité égale à celle du
majeur.

Les articles 481 à 487 du Code civil français énumèrent
les actes que le mineur émancipé peut accomplir seul,
ceux pour lesquels on exige l'assistance du curateur, et
ceux pour lesquels l'homologation du tribunal de première instance est nécessaire. Le mineur émancipé peut
faire seul tous les actes de pure administration (baux de
neuf ans au plus, perception des revenus, etc.) pour lesquels il est considéré comme majeur. Il lui faut l'assistance du curateur pour intenter une action immobilière
ou y défendre, et pour recevoir et donner décharge d'un
capital mobilier. L'homologation du tribunal est nécessaire pour les emprunts.

Enfin, pour l'aliénation de ses immeubles, il reste dans
la situation du mineur non émancipé.

Toutes les obligations contractées par lui, par voie d'a-
chat ou autrement, sont réductibles en cas d'excès.

Toutes ces distinctions ou restrictions sont inconnues
en droit allemand, et le mineur émancipé est considéré
comme majeur, au point de vue de la capacité contrac-

tuelle. L'émancipation ne peut avoir lieu avant l'âge de dix-huit ans accomplis, et elle est subordonnée au consentement du mineur.

IV

Comme en droit français, les maladies mentales, la faiblesse d'esprit, la prodigalité peuvent faire restreindre la capacité du majeur ; l'interdiction, dans ce cas, le replace dans le même état que le mineur ayant plus de 7 ans.

Mais le Code allemand a ajouté une autre cause d'interdiction à celles que nous venons d'énumérer : c'est l'intempérance habituelle. Etant donné les progrès de l'alcoolisme chez les classes ouvrières, on ne peut que louer cette sage disposition.

V

Enfin, la capacité relative au mariage n'est pas la même dans les deux législations. D'après le Code civil français, l'homme ne peut contracter mariage avant 18 ans révolus, ni la femme avant 15 ans. C'est là une majorité spéciale au mariage. Le législateur allemand maintient pour le mari la majorité de droit commun, soit 21 ans accomplis. Quant à la femme, elle ne peut s'engager dans les liens du mariage avant 16 ans révolus, sauf dispense d'âge accordée par le souverain de l'Etat confédéré auquel la femme appartient.

La loi d'Empire du 6 février 1875 (art. 28, § 2), empê-

chait l'homme de contracter mariage avant 20 ans accomplis et la femme, avant 16 ans. Le Code n'a donc rien
innové en ce qui concerne l'âge exigé de la femme ; il a
simplement voulu faire concorder la majorité ordinaire
avec la majorité du mariage.

Enfin, celui qui n'est pas pleinement capable ne peut
contracter mariage sans le consentement de son représentant légal (art. 1304), et si ce représentant est un
tuteur, son consentement peut être suppléé par celui du
tribunal des tutelles. Après la majorité, en cas de refus
des parents de consentir au mariage, l'enfant peut en appeler au tribunal des tutelles (art. 1308).

En droit français, le consentement des parents est indispensable pour le mariage lorsque le fils n'a pas atteint
25 ans révolus, et la fille 21 ans.

Passé cet âge, les futurs conjoints doivent demander
ce consentement par un acte respectueux et formel, mais
peuvent passer outre, un mois après, à la célébration du
mariage, si le consentement est refusé.

CHAPITRE III

I

La théorie de l'absence diffère profondément dans les deux législations que nous étudions.

Le Code civil français renferme sur l'absence des dispositions détaillées. Toute la théorie repose sur cette idée conductrice que l'*absence, si longue qu'elle soit, ne donne jamais la certitude du décès* ; aussi l'absent n'est-il jamais considéré comme mort ; on réserve toujours l'hypothèse de son retour. Le législateur allemand, au contraire, établit du premier coup une *présomption de décès*. La déclaration d'absence du droit français est remplacée par la *déclaration de décès* (Todeserklärung). Ce dernier système était d'ailleurs répandu depuis longtemps en Allemagne, dans les Etats particuliers, en Autriche et dans les cantons allemands de la Suisse. Le Code civil allemand n'a fait que le consacrer avec quelques modifications de détails.

II

On sait que le droit français distingue deux périodes dans l'absence : la présomption d'absence et l'absence déclarée qui se subdivise elle-même en deux autres périodes : celle de l'envoi en possession provisoire des biens et celle de l'envoi en possession définitive.

La présomption d'absence se constate occasionnellement lorsque des mesures conservatoires s'imposent pour les biens de la personne disparue, par exemple si sa maison tombe en ruines. Ces mesures sont ordonnées par le tribunal, préalablement saisi par les personnes intéressées, après avoir constaté la disparition.

La présomption d'absence aboutit à la déclaration d'absence. L'absence ne peut être déclarée, ou plutôt la déclaration d'absence ne peut être demandée que quatre ans au moins après la disparition ou les dernières nouvelles, et même dix ans après cette époque, si l'absent a laissé un procureur fondé pour le représenter.

La déclaration d'absence est prononcée à la suite de deux jugements : le premier qui ordonne une enquête et le deuxième qui prononce. Le premier jugement est soumis à certaines conditions de publicité, et le second ne peut être rendu qu'un an après.

La déclaration d'absence est suivie d'abord de l'envoi en possession provisoire des biens de l'absent, et plus tard de l'envoi en possession définitive.

L'envoi en possession provisoire est une espèce d'ouverture de la succession de l'absent. Donc, toutes les personnes qui ont des droits subordonnés au décès de l'absent, héritiers présomptifs, légataires et donataires de biens à venir, donateurs avec clause de retour, conjoint

de l'absent, etc., peuvent exercer ces droits provisoire-
ment.

Les envoyés en possession provisoire ont de simples
pouvoirs d'administration, et de sérieuses précautions
sont prises pour assurer la conservation des biens de
l'absent et leur restitution éventuelle.

L'époux présent, qui est commun en biens peut opter
soit pour la continuation provisoire de la communauté,
soit pour la dissolution provisoire de cette même communauté.

Nous ne pouvons entrer dans tous les détails qui,
d'ailleurs ne sont pas indispensables à la comparaison
que nous établissons en ce moment.

Trente ans après le jugement de déclaration d'absence
et même plus tôt, dès qu'il s'est écoulé cent ans depuis
la naissance de l'absent, commence la période de l'envoi
en possession définitif. Alors les envoyés en possession
acquièrent des droits beaucoup plus étendus; ils ont le
droit d'aliéner les biens de l'absent, même à titre gratuit,
et si ce dernier reparaît, ils ne sont plus tenus de restituer les biens de l'absent que jusqu'à concurrence du
profit qu'ils en ont retiré.

III

Le Code civil allemand a fait table rase de toutes ces
distinctions. C'est la *déclaration de décès* qui forme la
base du système.

Il n'est pas sans intérêt de faire observer ici que le

projet du Code civil français, rédigé en l'an VIII, contenait une disposition basée sur la même idée. « Quiconque, disait l'article 7 de la section 1re (tit. IV, liv.
Ier), prétend exercer sur les propriétés d un absent un
droit qui suppose son décès, *doit prouver ce fait*, et jusqu'à cette preuve, il doit être déclaré non recevable,
quant à présent, dans sa demande. »

. . . .

« ART. 8. — La loi n'exige point indispensablement la
preuve par titre authentique, du décès de l'absent ; *elle se
contente de présomptions graves*, telles que celles qui
résultent de la disparition de l'absent après une bataille,
un naufrage, ou tel autre accident qui a pu procurer sa
mort, et depuis lequel il s'est écoulé cinq ans sans que
l'on ait reçu aucune nouvelle. »

Ce projet consacrait un système analogue à celui de la
déclaration de décès en Allemagne, mais on y renonça
lorsque le projet fut remanié par la section de législation
du Conseil d'Etat.

IV

D'après le Code civil allemand, toute personne absente
peut être *déclarée décédée*, lorsqu'il s'est écoulé depuis
les dernières nouvelles un temps assez long pour faire
croire à l'éventualité de sa mort. En principe, ce délai
est de dix années ; mais il est réduit à raison de certaines
circonstances. Ainsi, lorsqu'il s'est écoulé soixante-dix
ans depuis la naissance de l'absent, le délai n'est que de
cinq ans.

Si l'absent est mineur, le délai ne commence à courir qu'à partir de la vingtième année révolue : dans ce cas, le délai se trouve prolongé. En d'autres termes, le jugement déclaratif de décès ne peut intervenir avant la fin de l'année pendant laquelle l'absent a atteint l'âge de 31 ans révolus.

Lorsque les circonstances particulières qui ont précédé la disparition de l'absent donnent encore plus de force à la présomption de mort, le délai est encore abrégé. En cas de guerre, par exemple, les soldats et fonctionnaires qui servaient à l'armée peuvent être déclarés décédés, si l'on n'a pas eu de leurs nouvelles dans les trois ans qui ont suivi la signature de la paix, ou si la paix n'a pas été formellement conclue, dans les trois ans qui se sont écoulés, depuis le dernier jour de l'année pendant laquelle ont cessé les hostilités.

En cas de naufrage, le délai est d'un an, si la date du naufrage a pu être fixée. Dans le cas contraire, la date du naufrage est fixée d'après une présomption légale. Un navire est présumé perdu, lorsque les trois circonstances suivantes se rencontrent : 1° s'il n'est pas arrivé à destination ; 2° s'il n'est pas revenu à son point de départ ; et enfin, 3° s'il s'est écoulé un certain temps depuis son départ, un, deux ou trois ans suivant la longueur du voyage entrepris.

Enfin, ceux qui en général ont couru un danger de mort quelconque, même s'ils n'ont pas fait partie d'une expédition guerrière ou maritime, peuvent être déclarés décédés, s'ils n'ont plus reparu pendant trois ans à dater du jour de l'accident.

Le délai de dix ans et de cinq ans dont il est question plus naut, commence à courir du 31 décembre de l'année dans laquelle on a eu les dernières nouvelles de l'absent. Pendant cette période, il est nommé un curateur au majeur absent, chaque fois que ses intérêts l'exigent et qu'il n'a pas chargé un procureur fondé, de l'administration de ses biens.

L'instance en déclaration de décès peut être introduite soit par le représentant légal de l'absent, soit par toute personne intéressée. Le tribunal compétent est celui du dernier domicile que l'absent occupait en Allemagne. L'affaire est instruite suivant la procédure par voie de sommation publique. Le jugement est précédé d'insertions dans les journaux officiels et de publications administratives. La sentence fixe exactement la date du décès. Le juge dit : « X. est mort tel jour », et il se base sur les probabilités résultant de l'enquête, et si l'enquête n'a donné aucun résultat, la date du décès est fixée à l'expiration des délais ci-dessus fixés.

V

Quant aux effets de la déclaration de décès, ils sont, à peu de chose près, les mêmes que ceux de la mort naturelle. Elle permet au conjoint de contracter un nouveau mariage et elle donne ouverture à la succession de l'absent.

Nous disons que le conjoint de l'absent peut convoler
en secondes noces. Cela ne veut pas dire absolument que
le premier mariage soit dissous. Pour qu'il en soit ainsi, il
faut non seulement que le décès soit déclaré, mais que
le conjoint présent ait contracté une nouvelle union légalement valable. Dans ce cas, mais dans ce cas seulement,
le premier mariage est considéré comme dissous, et même
si l'absent vient à reparaître, le second mariage n'est pas
nul, il est simplement annulable, et, disposition remarquable, le droit de demander l'annulation appartient, non
pas à celui dont le décès avait été déclaré, mais à chacun
des nouveaux époux. Le premier conjoint n'a plus qu'un
droit et qu'une ressource, celle de réclamer une pension
alimentaire (art. 1559-1563). Mais, si le second mariage
était affecté d'une nullité radicale et absolue, le premier
serait considéré comme n'étant pas dissous.

Dans quelques cas, le second mariage devient inatta-
quable :

1º Lorsque le conjoint qui intente l'action en nullité,
même avec un motif valable, a eu connaissance de la
survie de l'absent à l'époque du second mariage ;

2º Quand il y a prescription, c'est-à-dire qu'il s'est
écoulé plus de six mois depuis que le nouveau conjoint a
su que l'absent, déclaré mort, vivait encore ;

3º Quand le second mariage a été dissous par la mort
de l'un des conjoints.

Si le second mariage n'est qu'à l'état de projet et qu'il
intervienne une action en infirmation du jugement décla-

ratif de décès, le conjoint qui se propose de se remarier devra surseoir à la célébration du mariage jusqu'au prononcé du jugement.

Mais si cette action en infirmation est intentée plus de dix ans après la déclaration de décès, elle n'est plus recevable, et il peut être passé outre. Le Code civil allemand rompt ainsi avec le système qui prévalait dans la plupart des législations allemandes, surtout celles qui s'étaient laissé pénétrer par le droit canonique (1).

Nous n'hésitons pas à dire que ces solutions radicales touchant le sort du mariage de l'absent, sont le point faible du système. Les intérêts et les droits dérivant de cette union sont sacrifiés de gaîté de cœur aux intérêts ou plutôt au caprice du conjoint présent. L'injustice dont souffre l'absent qui reparaît, et à qui on interdit de troubler la nouvelle union qu'il a plu à son conjoint de contracter, éclate trop évidemment aux yeux pour qu'il soit besoin d'y insister.

Enfin, nous avons dit que le jugement déclaratif de décès donnait ouverture à la succession. L'héritier, en conséquence, recueille les biens de l'absent et en dispose comme un propriétaire véritable. Mais si l'absent vient à reparaître, il aura, contre ceux qui auront été mis en possession de ses biens une action en pétition d'hérédité. Ces derniers devront alors restituer le certificat

---

(1) Stobbe, *Handbuch des deutschen Privatrechts*, § 38, note 48; Sicherer, *Personenstand und Eheschliessung in Dentschland*, p. 220 et suiv.

d'hérédité qui leur a été délivré, tous les biens d'hérédité qui existent encore en nature et lui tenir compte de tous les profits qu'ils auront réalisés. Ils sont en somme dans la même situation que les envoyés en possession définitive du droit français (art. 2362 et 2370, § 2).

Cette action en pétition d'hérédité se prescrit par un an à dater du jour où l'absent a eu connaissance de la déclaration de décès.

VI

De cet aperçu rapide, il ressort à nos yeux que le droit français a bien mieux ménagé que le droit allemand les droits de l'absent ; et son principe que l'absent n'est jamais considéré comme mort est beaucoup plus en harmonie avec la réalité des faits. Le système allemand, au surplus, confond deux choses absolument distinctes : l'*absence* proprement dite, c'est-à-dire le cas où l'existence de la personne est *incertaine*, et le fait du *décès* dans le cas où on a eu la *certitude*.

L'Autriche a fait cesser cette confusion, et à côté des déclarations de décès fondées sur des probabilités résultant de l'absence de nouvelles, elle a organisé un système de preuve du décès par jugement (loi du 16 février 1883) semblable aux jugements déclaratifs de décès en France.

CHAPITRE IV

Par *choses*, le Code civil allemand n'entend que des biens *corporels,* et il ne reconnaît de droits que sur les choses individuellement déterminées et non sur une universalité de choses.

La distinction classique des choses en corporelles et incorporelles lui est inconnue.

De même la distinction des biens en meubles et immeubles, qui a une si grande importance en droit français, n'existe plus en droit allemand, si ce n'est en matière de régime matrimonial, lorsque les époux ont adopté le régime de la communauté mobilière, leurs apports immobiliers sont exclus de la communauté.

Le Code allemand ne parle ni des choses hors du commerce, ni des choses sacrées ou religieuses, ni des choses qui dépendent du domaine public.

Mais il distingue les choses fongibles (*quæ pondere, munero mensurave constant*), et les choses non fongibles, les choses consomptibles et non consomptibles.

Les choses sont composées de parties intégrantes essentielles et de parties non essentielles. Les parties intégrantes essentielles sont celles qui ne peuvent être séparées les unes des autres sans que la chose se trouve détruite ou, tout au moins, change entièrement de nature, elles ne peuvent faire l'objet d'un droit distinct et séparé. Par exemple, les choses qui font corps avec un fonds de terre, les bâtiments, les produits du sol tant qu'ils ne sont pas séparés, les semences confiées au sol sont des parties intégrantes essentielles du sol, du fonds de terre; des matériaux qui ont servi à édifier un bâtiment font partie intégrante essentielle de ce bâtiment.

Par contre, ne font pas partie intégrante du fonds, les choses qui ont été incorporées au sol *par un autre que le propriétaire* et *temporairement*.

Les ouvrages édifiés sur le sol (constructions, travaux, etc.), par un autre que le propriétaire en vertu d'un droit qu'il avait sur le fonds, ne sont pas non plus parties intégrantes du fonds. De même, les choses placées ou incorporées temporairement à un bâtiment ne font pas partie intégrante du bâtiment.

Le législateur allemand distingue encore les *choses principales* et *les choses accessoires*.

Les choses accessoires sont les choses mobilières qui, sans faire partie intégrante de la chose principale, y sont rattachées définitivement et manifestement par le propriétaire pour le service de la chose. Si le lien avec la chose principale n'est que temporaire, la chose n'est pas accessoire. Il faut que la chose accessoire soit destinée d'une façon *durable* au service de la chose principale.

Par exemple, les machines attachées à un fonds d'usine,

les animaux et les ustensiles aratoires d'une ferme, les engrais, etc., sont des accessoires de l'usine et de la ferme.

Ces dispositions rappellent la théorie du Code civil français, sur les *immeubles par destination*.

CHAPITRE V

DES OBLIGATIONS.

SECTION I. — **Des actes juridiques.**

I

C'était jusqu'à nos jours une opinion à peu près universellement reçue, en France, que la matière des obligations représentait la partie immuable du droit, soustraite
aux influences des perturbations politiques et sociales,
parce qu'elle avait pour base la raison même, qu'elle était
la mise en œuvre de vérités en quelque sorte éternelles
et immuables.

Cette espèce de dogmatisme orgueilleux provenait d'un
engouement irréfléchi tant pour les travaux des anciens
jurisconsultes comme Dumoulin, Domat, Pothier, que
pour l'œuvre du Code civil qui n'en a été que la synthèse.

On a oublié qu'aucune législation positive n'est immuable, stationnaire, toutes suivant plus ou moins et forcément les transformations du corps social auquel elles
doivent s'adapter. Seulement, certaines parties du droit
sont moins directement exposées à ces influences chan-
geantes, et, sans se modifier aussi rapidement, n'ont pas
moins une évolution lente. C'est le cas pour la matière
des obligations.

Non seulement l'histoire démontre cette vérité, mais encore les faits contemporains fournissent une réfutation éclatante de l'erreur où sont tombés pendant longtemps les jurisconsultes.

Au moyen âge, la société féodale et coutumière a pratiqué, pour les contrats et les obligations, des règles essentiellement différentes de celles du droit romain, règles qui avaient leurs sources dans le droit germanique. Bien plus, même après la réaction produite par les légistes et les jurisconsultes épris du droit romain, réaction qui aboutit au Code civil, peut-on dire que le système du Code civil sur les contrats et obligations conventionnelles ressemble aux théories romaines exposées par Gaius et Justinien? Une nouvelle preuve de la contingence des théories sur les obligations nous est fournie par le nouveau Code civil allemand, qui brise définitivement les vieilles entraves que les idées romaines avaient encore laissé subsister dans l'œuvre législative du Consulat, et abandonne presque à leur libre essor les conventions humaines et sociales, pour leur permettre de se mouler sur les besoins nouveaux de la société moderne.

II

Le plan adopté par les deux Codes dont nous faisons en ce moment la comparaison est entièrement différent. Le Code civil français a copié Pothier, qui lui-même avait puisé ses matériaux dans les Institutes de Gaius et de Justinien. La théorie générale des obligations n'est qu'une sorte d'introduction à la théorie des contrats dont elle se présente comme l'accessoire.

Le Code allemand, œuvre de théoriciens plus que de praticiens, a adopté une méthode plus logique et en même temps plus scientifique ; il traite à part des obligations considérées *en elles-mêmes*, de leurs effets, de leurs modes de transmission et d'extinction, et c'est seulement après avoir dégagé la notion de l'obligation qu'il passe aux sources d'où les obligations dérivent (contrats, délits, etc.).

Les règles générales des contrats ne forment qu'une section de la théorie des obligations (art. 305 à 361).

III

En droit allemand, un acte juridique est par essence une *déclaration de volonté* faite dans le but de produire un effet juridique. Le Code fait une distinction très subtile, inconnue en droit français, entre les déclarations faites à partie et les déclarations non faites à partie. Les premières visent directement la partie à laquelle elles s'adressent : c'est le cas, par exemple des congés, résiliations, déclarations de nullité ou de retrait ; les secondes ne s'adressent à personne, ce sont les reconnaissances d'enfant, acceptations de successions, testaments, etc.

On dit encore que les premières sont des déclarations *in personam*, les secondes des déclarations *in rem*. Il va de soi que cette distinction n'a d'application que dans la sphère des déclarations *unilatérales*, car les actes bilatéraux, c'est-à-dire les contrats, impliquent tous un accord de volontés, une acceptation suivant la déclaration, et partant supposent nécessairement que la déclaration est adressée à la partie adverse; donc les simples offres faites à personnes incertaines, comme les offres au public, (étalages aux devantures des boutiques, etc.), qui doivent être acceptées pour être obligatoires, ne rentrent pas non plus dans le cadre de la distinction.

On ne considère donc comme sujets à cette distinction que les actes unilatéraux. On conçoit facilement une déclaration faite à partie, mais il n'en est plus de même lorsqu'il s'agit de caractériser la déclaration qui ne s'adresse à personne. Quel sera le critérium de la distinction? Ce ne sera pas la détermination, la spécialisation de la personne à laquelle s'adresse la déclaration, car la déclaration faite à partie indéterminée est rangée dans la catégorie des déclarations faites à partie. Il faut donc chercher ailleurs le caractère distinctif de la déclaration non faite à partie. Voici comment la définit M. Saleilles: « C'est un acte qui se forme sans contact avec qui que ce soit, et par une pure création volontaire de celui de qui elle émane, ce qui n'empêche qu'il ne prenne souvent, presque toujours, et cela est à peu près forcé, une forme de publicité. Ce qui le caractérise, ce n'est pas le fait que le tiers qu'il viserait serait indéterminé..... D'autre part, on peut concevoir qu'une déclaration qui, par sa nature, ne dût s'adresser à personne, fût cependant faite à un intéressé, personne déterminée, comme une acceptation d'hérédité qui serait adressée à un cohéritier ou à un créancier. Donc, le point capital est qu'elle constitue une manifestation de volonté qui n'a pas besoin, pour produire ses effets, de prendre contact avec qui que ce soit, et qui est complète par elle-même.... » (1).

Cette théorie, création d'une imagination juridique ambitieuse, n'a pas été sans soulever les objections de bien des jurisconsultes (2). On se demande, en effet, ce que peut bien être cette manifestation de volonté qui produit son effet juridique par sa seule force intrinsèque.

Ceci nous amène à pénétrer plus avant dans l'analyse et à disséquer en quelque sorte l'acte juridique.

IV

Considérons donc l'acte juridique dans les diverses phases de son évolution.

A. — En premier lieu, nous avons l'acte de *volition interne* qui est quelque chose commune l'intention pure et simple en droit pénal, incapable à lui seul de produire aucun effet juridique. Puis vient la *manifestation* de la volonté interne, son extériorisation, son passage de l'état subjectif à l'état objectif. Cette manifestation n'implique pas encore chez l'auteur de l'acte, la résolution de faire connaître sa volonté, d'une façon spéciale et directe à celui qu'elle vise. Elle est un moyen de publicité destiné à faire apparaître ce que veut l'auteur de l'acte.

(1) *De la déclaration de volonté*, p. 145-146.
(2) Planiol, *Droit civil*, t. I, p. 103, note 1.

Pour que cette manifestation devienne *une déclaration*
au sens propre du mot, il faut que la volonté se soit produite extérieurement comme une volonté créatrice de
droit. L'acte extérieur doit être plus que le moyen de
produire au dehors une volonté interne. « Il doit être, dit
M. Saleilles, l'affirmation publique d'un phénomène créa-
teur de droit. »

C'est seulement par la déclaration que la volonté acquiert une valeur juridique. Cette déclaration peut d'ailleurs être expresse ou tacite (art. 164, 244, 269, 271,
328, 700). Les auteurs sont à peu près d'accord pour admettre tous les procédés qui, d'après les usages de la vie
courante, sont généralement destinés à la manifestation
de la volonté et de la pensée, comme l'écriture, la parole,
certains actes convenus, voire même le silence de la partie intéressée, lorsqu'on peut en induire que l'intéressé a
entendu déclarer sa volonté de cette façon, d'après les
usages.

B. — Lorsque la déclaration est de celles qui ne s'a-
dressent pas à partie, l'acte est complet et se suffit à lui-
même *par la seule déclaration*. Encore a-t-on voulu distinguer entre l'émission et la perfection de la déclaration.

Ces deux degrés dans l'exécution de la déclaration dif-
fèrent en ce que l'émission est l'œuvre même de l'auteur
de la déclaration, c'est l'ensemble des actes qui émanent
de lui personnellement et qui sont nécessaires pour que
la déclaration s'extériorise et devienne indépendante de

lui ; la perfection de la déclaration est, au contraire, étrangère à l'auteur de la déclaration, c'est l'exécution qui se
fait et qui s'achève en dehors de lui et indépendamment
de lui.

D'après cette doctrine, le principe serait le suivant :
la déclaration non faite à partie, c'est-à-dire qui ne s'adresse à personne, est valable juridiquement *dès le moment de l'émission* ; elle a dès ce moment une existence
indépendante de son auteur ; mais elle ne devient définitive et ne produit ses effets qu'*après la perfection de la
déclaration*.

Prenons un exemple : les annonces dans les journaux.
Ce qui constitue l'émission proprement dite, c'est la remise à l'impression ; la perfection définitive de la déclaration n'est acquise que par la publication effective du
journal lancé dans le public : cette seconde partie de l'acte
n'est plus à proprement parler l'œuvre de l'auteur de la
déclaration ; elle se produit sans lui, sans l'intervention
directe de sa volonté.

C. — Lorsque la déclaration est faite à partie, on distingue encore la transmission, la réception et la perception de la déclaration de volonté.

A partir de quel moment la déclaration acquiert-elle
son efficacité et devient-elle parfaite juridiquement ?
Théoriquement, on concevrait qu'il dût en être comme
des déclarations impersonnelles et que l'acte juridique
dût valoir dès qu'il n'est plus au pouvoir de son auteur
de l'empêcher d'arriver à sa perfection. Par le fait seul

de sa réalisation matérielle, ou de son émission, la déclaration a une existence indépendante, bien qu'elle ne soit
pas encore rendue complètement efficace. « Son auteur
s'en est dessaisi, dit M. Saleilles, en tant que volonté désormais incarnée en acte, et cet acte existe indépendamment
de la personnalité de son auteur. Il vaut comme valeur
juridique créée par celui de qui la déclaration émane ; et
cette valeur juridique subsiste au dehors de celui qui l'a
créée » (1).

« L'émission, dit-il encore, marque le moment où la
déclaration prend une valeur juridique indépendante de
la personnalité de son auteur, de telle sorte qu'elle subsiste même lorsque cette personnalité vient à disparaître,
et la perfection définitive donnée à la déclaration marque celui où cette déclaration déjà existante, comme création de volonté, prend son efficacité et devient génératrice
d'effets juridiques » (2).

D'une façon générale, l'émission est terminée lorsque
l'auteur de la déclaration s'en est dessaisi et l'a confiée
aux agents de transmission qu'il a choisis pour la faire
parvenir à sa destination. Ce qui reste à faire pour par-
faire la déclaration et assurer sa réception n'est plus
l'œuvre de l'expéditeur.

Ainsi lorsqu'une lettre confiée à la poste est jetée à la
boîte, lorsque le texte d'une dépêche est remis au bureau
du télégraphe, l'œuvre personnelle de l'expéditeur est

____

(1) *Op. cit*, p. 127.
(2) *Ibidem*, p. 127-128.

terminée, il est dessaisi, sa volonté juridique existe en dehors de lui, et à supposer qu'il meure avant que la dépêche ou la lettre arrivent à destination, ce fait sera sans influence sur l'efficacité de la déclaration (art. 130).

En principe, lorsqu'une déclaration est faite à partie, elle devient productive d'effets lorsqu'elle parvient au destinataire. Mais, comme en fait, il est à peu près impossible pour l'expéditeur de fixer le moment précis de cette réception, on l'apprécie d'après les usages courants, sans s'occuper de savoir si le destinataire a été réellement mis à même par la réception, de prendre connaissance de la déclaration.

On recherche le moment auquel l'expéditeur a dû pouvoir considérer sa déclaration comme appropriée par le destinataire, comme n'étant plus à sa disposition et par suite comme ne pouvant plus être révoquée par lui. Or, c'est au moment de la réception accomplie suivant les conditions normales de la vie. Peu importe, d'ailleurs, que le destinataire n'ait pas pris connaissance de la déclaration, par exemple n'ait pas décacheté la lettre, lu le télégramme : il suffit que, en fait et en droit, il ait été mis à même de le faire. Si le destinataire eût été diligent, il aurait dû connaître la communication qui lui a été faite, et l'expéditeur ne doit pas souffrir de sa négligence.

Si la réception est indispensable à la perfection de la déclaration, la perception n'est pas nécessaire, du moins au regard de l'expéditeur.

De ce qui précède, il résulte que, tant que la réception

n'a pas eu lieu, le déclarant peut revenir sur sa déclaration, mais à condition que la révocation parvienne au destinataire avant la déclaration, parce que cette révocation est elle-même une déclaration à partie qui ne devient parfaite que par la réception.

D.— Lorsqu'il s'agit de *contrats,* un autre élément intervient : c'est l'*acceptation.* Jusqu'à l'acceptation, l'auteur de l'offre est lié par sa déclaration, à moins que l'on ne puisse induire des circonstances qu'il n'a pas voulu être lié par sa proposition. Si l'offre n'est pas acceptée, la déclaration perd son effet. Mais l'acceptation peut valablement intervenir, même après le décès de l'auteur de l'offre, sauf dans le cas où ce dernier en avait décidé autrement.

Ce n'est pas à dire que l'acceptation puisse être utilement faite après un temps indéfini. Tout d'abord, le déclarant peut avoir stipulé un délai à l'expiration duquel il lui serait loisible de révoquer sa déclaration. En l'absence de délai fixé, l'acceptation doit avoir lieu pendant le temps que la réponse met usuellement à revenir. Si la déclaration s'adresse à une personne présente, la réponse doit être faite de suite. Il en est de même si la proposition est transmise par téléphone.

L'offre perd son effet : 1° si elle est repoussée ; 2° si elle n'est pas acceptée en temps utile ; 3° si l'acceptation intervient après l'expiration du délai. Mais, dans ce dernier cas, l'auteur de l'offre n'est pas déchu de son droit et il dépend de lui de valider le contrat ou de l'empêcher

de se former. En effet, l'acceptation tardive n'est pas absolument dénuée d'effets ; elle vaut comme nouvelle proposition que l'auteur de la première offre peut accepter si
cela lui convient.

Si l'acceptation a lieu en temps utile, mais qu'elle ne
soit donnée qu'en modifiant la proposition, elle équivaut
alors à un refus de la proposition, mais ce n'est pas un
refus pur et simple, c'est une acceptation modifiée qui
revêt le caractère d'une nouvelle proposition.

S'il s'agit d'enchères, l'enchérisseur est lié jusqu'à
une nouvelle surenchère, et si les enchères n'aboutissent
à aucune adjudication, l'enchérisseur est lié jusqu'à la
clôture des enchères.

La déclaration n'est valablement faite à un incapable
que si elle parvient à son représentant légal, à moins que
ce dernier n'ait donné préalablement son consentement.

En principe, l'*acceptation doit être expresse*, sauf si
l'auteur de la déclaration en a dispensé l'acceptant ou si
la nature du contrat ne comporte pas une telle acceptation. Quand la convention est soumise à la forme des
actes notariés ou judiciaires, elle ne devient parfaite
qu'au moment où le notaire ou le juge prennent acte de
l'acceptation.

Si l'acceptation se produit utilement et valablement,
la convention devient parfaite.

Toutes ces solutions découlent des principes que nous
avons exposés. Le principe du droit allemand est qu'une
volonté unilatérale peut s'engager seule, et par elle-

même, l'auteur de la proposition s'engage sous condition d'acceptation ; le droit résultant de la déclaration pré-existe déjà virtuellement, et l'acceptation ne fait que lui donner son efficacité, lui donner un corps. C'est pourquoi le décès du pollicitant, survenu entre l'émission de la déclaration et la réception par la partie adverse, n'influe en rien sur le sort de la déclaration qui dépend désormais de la décision de l'acceptant. Le droit créé par le déclarant existe en dehors et indépendamment de lui avant même toute acceptation.

Cette théorie allemande de l'acte juridique a le défaut d'être extrêmement subtile, et nous doutons qu'elle ait une portée pratique bien grande, car le nombre des actes unilatéraux produisant effet par eux-mêmes et sans qu'ils soient adressés à personne, est peu élevé, ces actes ne sont que l'exception.

Le droit français est beaucoup plus simple, son principe est que, pour faire un acte juridique il faut deux personnes au moins, parce que la plupart des actes juridiques sont des accords de volontés, des conventions.

Cette doctrine a l'avantage d'être claire et de mieux répondre, suivant nous, à la réalité des faits.

SECTION II. — **Théorie des nullités.**

I. — *Généralités.*

Le principe de *l'autonomie de la volonté* est à la base

du droit allemand. Donc la déclaration est souveraine : c'est elle qui détermine les conditions d'existence de l'acte juridique. On recherchera donc, dans l'interprétation d'une déclaration de volonté, la volonté réelle, non pas la volonté vraie telle qu'elle résulte de l'acte de volition initial et interne, mais telle qu'elle a été voulue dans la déclaration elle-même. Non pas que pour cette interprétation il faille s'en tenir au sens littéral de l'expression, mais il faut l'entendre en ce sens que, pour interpréter une déclaration de volonté, il importe de dégager l'intention vraie du disposant telle qu'elle ressort de la déclaration elle-même. C'est donc la déclaration de volonté ainsi interprétée qui détermine les conditions de l'acte, et tout ce qui y est contenu a la même importance à ce point de vue.

En outre, tous les éléments d'un acte juridique ont entre eux une corrélation étroite, et les unes ne sauraient subsister alors que les autres font défaut. On suppose que l'acte a été voulu tel qu'il a été déclaré, avec toutes les clauses qu'il contient. Si donc un élément essentiel de ce contenu de la déclaration fait défaut, l'acte est différent de celui qui a été voulu, donc il est nul, excepté s'il est permis de penser que l'acte peut subsister sans l'élément qui en a été retranché, et qu'il est encore, après ce retranchement, conforme à la volonté exprimée dans l'acte initial (art. 139).

Bien plus, si l'acte qui a subi ce retranchement revêt les caractères d'un acte différent, il peut encore valoir à ce dernier titre, si l'on peut supposer que les parties l'eussent voulu ainsi au cas où elles auraient connu la nullité de l'acte primitif.

Le droit allemand distingue, comme le droit français, deux espèces de nullités : la nullité absolue et la nullité relative. Dans le premier cas, l'acte est dépouillé de tout effet civil ; il n'existe qu'en apparence et il est seul sans qu'il soit besoin d'une intervention judiciaire ; dans le second cas, l'acte existe bien juridiquement, mais il peut être annulé par la voie judiciaire.

II. — Nullité absolue.

Elle provient, soit de l'absence d'un élément essentiel à l'existence de l'acte, soit d'un vice de forme.

A. — *Nullité pour défaut d'un élément essentiel à l'acte.* — Le principal de ces éléments, c'est *la volonté*. L'acte est nul s'il émane d'une personne incapable de volonté ; par exemple d'un enfant de moins de sept ans, d'une personne qui n'a pas son arbitre par suite de troubles mentaux, ou d'un interdit pour cause d'aliénation mentale. Une volonté déclarée par un individu en proie à un accès de folie, même passager, est dénuée de tout effet. La volonté n'existe pas en réalité.

Il y a des cas où le déclarant a exprimé une volonté autre que celle qu'il avait en réalité. Le Code allemand en prévoit deux : celui de la *réserve mentale*, et celui de la déclaration non sérieuse. La réserve mentale n'a en principe aucune influence sur la validité de l'acte ; il n'en serait autrement que si le tiers à qui la déclaration était adressée avait eu connaissance de cette réserve. Et si toutes les parties avaient été d'accord pour simuler le contrat, de telle sorte que la déclaration ne soit faite qu'en apparence, le contrat, la déclaration seraient nuls.

Mais si la simulation a pour but de masquer un acte juridique différent de celui qui existe en apparence, on appliquera les dispositions de l'acte réel et dissimulé.

Est encore nulle la déclaration de volonté qui n'est pas donnée au sérieux et de façon que les tiers n'aient pu se méprendre sur le caractère de la déclaration. L'acte juridique doit aussi avoir un objet licite.

Mais le droit allemand n'exige pas pour la validité de l'acte ce que le droit français entend sous le nom de *cause*. En vertu de ce principe que l'acte juridique ne comprend que ce qui se trouve exprimé dans la déclaration, tout ce qui n'y est pas contenu n'est pas de l'essence de l'acte ; et tout ce qui s'y trouve compris fait partie au même titre de la déclaration, avec une valeur juridique égale ; par suite, tout ce qui est contenu dans l'acte est cause, quand bien même ce ne serait pas le but immédiat de l'acte, et tout ce qui en est exclu est motif, alors même qu'il s'agirait de ce qu'on désigne en droit français du nom de cause.

Un acte juridique n'est donc pas nul pour défaut de cause, mais si une des clauses contenues dans l'acte et pouvant tenir lieu de ce qu'on appelle cause en droit francais (ce qui s'apprécie suivant les usages et les cir-

constances), est contraire aux lois, aux bonnes mœurs ou
à l'ordre public, l'acte sera nul. C'est pourquoi l'article 138 dit qu'un acte juridique qui porte atteinte aux
bonnes mœurs est nul. De là suit que la nullité est encourue, non seulement lorsque le contenu de la déclaration est en tout ou en partie, contraire aux bonnes mœurs,
mais encore s'il est établi que l'acte avait pour but de
faciliter ou de préparer un acte délictueux ou contraire à
la morale publique. C'est là une question de fait qui doit
être résolue par le juge en tenant compte des usages et
de l'opinion commune, de la conscience moyenne du peuple et de la société. Le juge est investi ici d'un large
pouvoir et exerce une action directe sur la société ; il est
« le régulateur de la vie sociale », pour employer l'expression de M. Saleilles (1) ; il doit se faire le gardien des
mœurs publiques. « Le juge francais est lié par un système, le juge allemand n'est lié que par les faits. »

Le Code civil prononce formellement la nullité de toute
stipulation par laquelle une personne exploite le besoin,
la légèreté d'esprit ou l'inexpérience d'une autre en se
faisant promettre ou en faisant promettre à une autre,
contre une prestation fournie, des avantages de valeur
patrimoniale qui excèdent la valeur de ladite prestation,
dans une disproportion choquante. Ce n'est là qu'une
application du principe de la nullité qui frappe les actes
juridiques contraires aux bonnes mœurs. Est encore nul

(1) *Op. cit.*, p. 268.

l'acte juridique qui se heurte à une prohibition légale (art. 134).

La nullité absolue produit les mêmes conséquences qu'en droit français. Toutefois, si l'acte nul n'est pas susceptible de ratification, on admet que la ratification n'est pas dénuée absolument d'effets ; elle est considérée elle-même comme un acte nouveau, et dans le doute, les parties sont censées s'obliger aux mêmes prestations que celles de l'acte primitif, à supposer qu'il eût été valide.

B. — *Nullité pour inobservation des formes prescrites par la loi.* — La loi peut avoir prescrit la forme écrite. Dans ce cas, le titre de l'acte doit être signé de la propre main de celui qui s'oblige ; cette signature doit reproduire le nom du signataire ou tout au moins un signe ou une marque particulière, qui alors doit être légalisée dans la forme judiciaire ou notariée (art. 126).

Mais la forme écrite peut avoir été prescrite par la convention ; et il suffit alors, à moins d'intention contraire, d'une transmission télégraphique ou d'un échange de lettres et on peut exiger que le titre soit dressé dans la forme précédente, mais à condition que la demande en soit faite immédiatement (art. 127).

S'il s'agit d'un contrat, les parties doivent signer toutes sur le même titre, et s'il en est dressé plusieurs exemplaires, il suffit que chaque partie signe le titre qui est destiné à l'autre.

La forme écrite est valablement remplacée par la forme authentique, c'est-à-dire que les parties peuvent faire dresser l'acte en justice ou par devant notaires.

Quelquefois la forme judiciaire ou notariée est prescrite par la loi, alors les parties font constater dans cette
forme, d'abord la proposition, puis l'acceptation.

La forme écrite s'étend à toutes les conditions du contrat, même aux conditions accessoires, à moins de convention contraire.

Dans tous les cas, un acte juridique accompli sans les
formes prescrites par la loi est nul (art. 125).

III. — Nullité relative.

A. — *Incapacité*. — Lorsqu'il s'agit d'une prohibition
légale d'aliéner, édictée seulement en vue de protéger certaines personnes déterminées, l'acte est nul seulement
à l'égard de ces personnes. Est assimilée à une défense
légale d'aliéner, la défense qui émane de la justice ou de
toute autre autorité compétente.

La saisie immobilière produit à cet égard les mêmes
effets que la défense d'aliéner (art. 135 et 136). Cette prohibition est établie dans un intérêt privé, elle a son fondement dans une idée d'incapacité de celui que frappe la
défense d'aliéner, il importe de remarquer d'ailleurs,
qu'elle ne donne aux personnes protégées par la loi au
cune action directe contre les tiers acquéreurs qui ne
sont obligés à rien vis-à-vis d'elles.

B. — *Erreur*. — Le Code allemand a abandonné toutes
les distinctions de la loi française relatives à l'erreur sur
la substance et sur les qualités de la chose, et à l'erreur
sur la personne.

Il distingue seulement l'erreur dans l'expression de la déclaration, laquelle est exclusive de la volonté (car celui qui fait une déclaration exprimant tout le contraire de ce qu'il voulait ne fait pas un acte juridique valable, sa volonté faisant défaut) et l'erreur sur le contenu, sur le fond de la déclaration qui entraîne seulement l'annulabilité de l'acte. Le déclarant a bien exprimé ce qu'il voulait, mais seulement par suite d'une erreur portant sur les points visés, dans la déclaration. Pour entraîner l'annulabilité, l'erreur doit porter sur les points faisant partie du contenu de la déclaration, c'est-à-dire sur ce qui fait l'objet même de la volonté, l'acte pris dans son ensemble ou chacun des éléments essentiels qui le constituent, considérés comme ayant été distinctement voulus.

On ne recherche donc plus si l'erreur a porté sur ce que la loi a considéré *a priori* comme un des éléments essentiels de la volonté, mais si elle a porté sur un point faisant partie du contenu de la déclaration.

Ce n'est plus la loi qui délimite le contenu réel de l'acte juridique, c'est l'auteur même de l'acte.

Par suite, pour savoir si une erreur doit donner lieu à nullité, il faut voir si elle est relative à un point que l'on doit prendre en considération, et il n'y a pour cela qu'à se demander s'il fait partie du contenu de sa déclaration.

Mais pour entraîner l'annulation, l'erreur devra être telle que si l'auteur de l'acte avait eu connaissance du véritable état de choses, il n'aurait pas fait la déclaration.

La loi, au surplus, détermine elle-même ce qu'on doit entendre par contenu de la déclaration. Ce contenu ne comprend pas seulement ce que les parties ont formellement et expressément déclaré, mais encore ce qui est une conséquence nécessaire de leur volonté, telle qu'elles l'ont exprimée.

Aussi le Code ajoute-t-il qu'il y a lieu de considérer comme une erreur sur le contenu de la déclaration, celle qui porte sur certaines qualités de la personne ou de la chose, et ces qualités doivent être de telle nature qu'on doive les regarder comme essentielles, au point de vue de la pratique des affaires.

La partie victime de l'erreur doit provoquer l'annulation dès qu'elle a eu connaissance de la cause qui la justifie, et l'action en annulation se prescrit d'une manière absolue après trente ans écoulés depuis le jour où la déclaration de volonté a été émise (art. 121).

C.— *Dol et violence.* — Le dol et la violence sont, comme l'erreur, des causes d'annulation. Le Code allemand a reproduit la distinction traditionnelle entre le dol et la violence, le premier n'opérant nullité que si les manœuvres frauduleuses sont le fait d'une des parties contractantes, tandis que la seconde produit cet effet, de quelque personne qu'elle émane.

Il importe cependant de signaler une légère modification, c'est que, même lorsque le dol émane d'un tiers, il pourra donner lieu à annulation, au cas où la partie contractante aura eu connaissance des manœuvres frauduleuses pratiquées à l'encontre de son co-contractant ; la mauvaise foi, et même la simple négligence de celui qui contracte avec la victime du dol, sont assimilées au dol qu'il aurait commis lui-même (art. 123). Et si un tiers a acquis un droit par suite de la convention entachée de dol, la convention pourra être annulée à son égard, s'il avait connu ou dû connaître le dol.

L'action en annulation pour dol et violence ne peut être intentée que dans le délai d'un an. Le point de départ du délai est le même que celui du délai de dix ans accordé dans le même cas par le droit français (art. 1304, C. civ.). S'il s'agit de dol, c'est le moment où il a été découvert ; de violence, du jour où elle a cessé.

Après trente ans, l'action n'est plus recevable en aucun cas (art. 124).

D. — *Effets.* — L'annulation produit des effets rétroactifs, c'est-à-dire que l'acte frappé d'annulation est considéré comme s'il avait été nul dès l'origine. Et cette solution s'étend même aux tiers qui connaissaient ou devaient connaître l'annulabilité.

Les transmissions qui auraient pu leur être faites, les droits cédés ou constitués sont censés ne l'avoir jamais été, l'annulabilité produit ici des effets semblables à ceux de la condition résolutoire du droit français. Ces tiers sont traités, après l'annulation, comme s'ils avaient connu de prime abord la nullité d'un acte nul (art. 142).

Les actes annulables pour erreur, dol et violence sont susceptibles de ratification et la ratification n'est soumise à aucune forme.

Lorsqu'une convention est annulée pour erreur, dol ou violence, il est dû des dommages-intérêts aux tiers dont les droits lésés reposaient sur la convention. Ces dommages-intérêts ne doivent pas dépasser le gain qu'ils auraient réalisé si le contrat eût été valide, et ils ne sont dus qu'à ceux (partie adverse ou tiers intéressés) qui ont ignoré, sans négligence grave de leur part, le vice qui donnait lieu à nullité.

La victime de l'erreur, du dol ou de la violence pourrait aussi baser son action en dommages-intérêts sur le caractère délictueux de ces actes, et même si son action en annulation est prescrite il a encore le droit de refuser la prestation stipulée.

CHAPITRE VI

DE LA POSSESSION.

I

Le trait caractéristique du droit allemand à l'égard de la possession des immeubles est l'abandon de la règle française : *En fait de meubles, possession vaut titre*, article 2279 du Code civil. Le Code civil français ne protège pas le possesseur de meubles au cas où il vient à perdre la possession. La protection ne s'étend qu'aux possesseurs d'immeubles et de certaines servitudes.

La loi allemande ne fait plus entre les meubles et les immeubles aucune distinction de principe.

Sans méconnaître la différence naturelle qui existe entre la détention des meubles et celle des immeubles, il ne trace pas entre ces deux catégories de biens une limite rigoureuse, car il y a des meubles dont le déplacement est si difficile qu'ils se rapprochent beaucoup, par leur nature, des meubles, et, par suite, la détention des uns et des autres ne diffère pas sensiblement de caractère.

II

Le droit allemand ne détermine pas non plus *a priori* quels sont les caractères que doit revêtir la possession.

La distinction traditionnelle entre le *corpus* et l'*animus*, entre la détention matérielle de la chose et l'intention de posséder pour soi-même est abandonnée. C'est au juge qu'il appartient d'apprécier s'il y a ou non possession. Toutefois, on peut poser en principe que le possesseur doit avoir la puissance réelle sur la chose, peu importe qu'il l'exerce par lui-même ou par autrui, par exemple par son domestique ou son commis ; les administrateurs du bien d'autrui ne sont pas, en effet, possesseurs.

D'autre part, les incapables, mineurs, interdits, etc., sont aptes à posséder, comme en droit français. Seulement tandis que, pour justifier cette solution la loi française a besoin de recourir à la fiction de l'acquisition de la possession par l'intention d'autrui, le Code civil allemand pose une règle qui se justifie d'après ses propres principes, puisque l'*animus domini* n'est pas un élément essentiel de la possession. C'est ainsi encore que le droit allemand protège le possesseur immédiat, aussi bien que le possesseur médiat, par exemple le fermier et le locataire que la loi française qualifie de simples détenteurs, possédant pour autrui, dépourvus de l'*animus domini*, et auxquels elle refuse pour ce motif les actions possessoires.

Le fermier et le locataire, en Allemagne, peuvent exercer l'action possessoire en leur propre nom.

III

Comme en droit français, le possesseur est protégé
contre toute éviction arbitraire, lorsque la possession lui
est enlevée illégalement ou est seulement troublée. Il
n'est pas nécessaire qu'il en soit dépouillé à dessein ou
par négligence, il suffit qu'il soit troublé dans sa possession. Seulement si le trouble ou l'éviction sont intentionnels, ils peuvent donner lieu à des dommages-intérêts.

Lorsque la possession est vicieuse, ses vices se transmettent aux ayants droit du possesseur. Cependant on
distingue entre l'héritier et l'ayant cause à titre particulier. Les vices de la possession se transmettent à l'héritier dans tous les cas, tandis qu'ils ne subsistent chez
l'acquéreur que s'il a connu, au moment de son acquisition, les vices de la possession de son auteur.

Ici se place une remarque importante, c'est que, en
droit allemand la légitime défense n'est pas un acte illé-
gal, à la condition qu'elle n'aille pas au delà de ce qui
est nécessaire pour conjurer le danger. La défense est
légitime lorsqu'elle est *nécessaire* pour détourner de
soi-même ou d'autrui une attaque *présente* et *injuste*.

Il suit de là que le possesseur victime d'une éviction
arbitraire est en droit de se défendre même par la force.
S'il prend l'auteur de l'éviction sur le fait, il peut le poursuivre immédiatement et lui reprendre de force la chose
qu'il a enlevée. Si l'objet de la possession est un immeuble, il peut chasser l'intrus et se remettre en possession.

La légitime défense peut s'exercer non seulement contre l'auteur de l'éviction, mais même contre ceux qui doivent répondre des vices de la possession. C'est un droit accordé même à ceux qui ne sont pas possesseurs, mais simples administrateurs du bien d'autrui (domestiques, commis, etc.).

IV

Indépendamment de la protection due à la légitime défense, le possesseur a une *action possessoire* pour rentrer en possession de la chose ou pour faire cesser le trouble dont il est victime. Cette action n'est accordée que pendant un an, à partir du trouble ou de l'éviction. Elle n'est possible que si le possesseur n'a pas lui-même une possession vicieuse à l'égard de l'auteur de l'éviction. Dans ce cas, la loi ne protège plus l'évincé, car il y a double prise de possession arbitraire.

L'action possessoire suppose, bien entendu, qu'il n'est intervenu aucun jugement définitif constatant que l'auteur de l'éviction avait un droit réel sur la chose. — Elle est accordée même à celui qui ne possède qu'une partie de la chose, par exemple à celui qui ne possède qu'une partie d'une maison, au possesseur par indivis tant contre les tiers que contre ses co-possesseurs qui voudraient le priver de sa part. — Si la chose enlevée est transportée sur un fonds appartenant à un tiers, ce dernier est obligé de laisser pénétrer chez lui le possesseur évincé pour rechercher sa chose, sauf son droit à des dommages-intérêts.

CHAPITRE VII

DE LA TRANSMISSION DES DROITS RÉELS ET DE LEUR PUBLICITÉ.

La loi française reconnaît au seul consentement des parties le pouvoir de transférer la propriété, faisant découler d'un seul et même fait des résultats si profondément différents : création d'un lien personnel obligatoire et translation de propriété ou constitution de droit réel. La loi allemande, au contraire, issue des traditions germaniques, ne voit dans la convention qu'un acte productif d'obligations ; la transmission de la propriété ne s'opère que par l'accomplissement d'actes spéciaux et de formalités particulières.

En outre, le droit français tout entier est dominé par la maxime romaine : *Nemo plus juris transferre potest quam ipse habet*, ou plus laconiquement : *nemo dat quod non habet* ; tandis que le droit allemand ne reconnaît d'autres propriétaires que ceux qui sont révélés au public par les procédés qu'il a établis, que leurs auteurs soient ou non eux-mêmes propriétaires. Dès l'instant que l'acquéreur, s'il s'agit d'un immeuble, est inscrit comme tel au livre foncier, il est à l'abri de toute revendication.

Les deux systèmes sont donc étrangers l'un à l'autre

par leur base même. De là dérivent des différences profondes et radicales dans le régime hypothécaire des deux
pays.

SECTION I. — De la transmission de la propriété par la simple convention en droit français.

La base du système français, nous l'avons dit, consiste
dans la règle fondamentale, issue en droite ligne du droit
romain, de la transmission directe de la propriété par la
simple convention. Ce principe rayonne sur toute la législation et s'applique aux immeubles aussi bien qu'aux
meubles. Le contrat n'est pas seulement productif d'o-
bligations, il est translatif de propriété. Cela est dit et
répété par le législateur, en maints endroits du Code civil (art. 711, 938, 1138, 1583).

Ce principe a sa source dans les textes romains relatifs aux traditions opérées par constitut possessoire — (le
vendeur ne livre pas la chose immédiatement, mais la
conserve et la détient pour le compte de l'acheteur) — et
aux traditions dites de longue main et de brève main.

La tradition de longue main consistait dans le simple
fait de la faculté offerte à l'acquéreur de prendre par
lui-même possession de la chose (Javolenus, L. 79; ff.
liv. XLIII, tit. 6, *De solutionib.* ; Paul, L. 1, § 21, liv. XLI,
tit. 2, *De acquir., vel amitt., possessione* ; Celse, *ibid.,*
L. 18, § 2). La tradition de brève main se produisait
lorsque l'acquéreur était déjà investi de la *nuda possessio*

à un titre quelconque (locataire, dépositaire, commodataire), et que l'aliénateur déclarait simplement renoncer à la possession ; la propriété passait à l'acquéreur sans aucune tradition matérielle (L. 9, §5, ff. liv. XLI, tit. 1, *De acquir. rer. don.* Gaius).

De là était résulté chez les anciens praticiens, que si la tradition était toujours nécessaire pour transférer la propriété, elle n'avait pas lieu, en fait, et qu'on la remplaçait dans le contrat par des clauses de constitut possessoire, de rétention, d'usufruit, etc., et le plus souvent par la clause de dessaisine-saisine par lesquelles l'aliénateur déclarait se dépouiller de la propriété de la chose. De la sorte, la tradition perdit son caractère de mode translatif de propriété pour devenir la simple exécution matérielle de l'obligation prise par l'aliénateur de mettre la chose à la disposition de l'acquéreur sous le nom de *délivrance*.

Le Code civil érigea en principe, ce qui n'était auparavant que le résultat d'une pratique notariale, et l'énonça dans l'article 711 : « La propriété des biens s'acquiert et se transmet par l'effet des obligations. »

Ce principe, remarquons-le, ne borne pas son effet au transfert de la propriété ; il s'étend à tous les droits réels qui sont des démembrements de la propriété (usufruit, servitudes, etc.).

Mais, en même temps, entendons-bien que le principe n'a d'application que s'il s'agit de *corps certain* et d'une opération au *comptant*.

Si l'objet de l'obligation est une chose de genre dont la quantité doit être mesurée et mise à part, le transfert n'a lieu qu'après cette détermination. Si l'obligation de donner est conditionnelle ou à terme, il ne se produit qu'à l'arrivée du terme ou de la condition.

SECTION II. — **De l'acquisition de la propriété mobilière en droit français et en droit allemand.**

A. — En droit français sn matière de meubles, le droit de propriété est régi par la maxime : « En fait de meubles, possession vaut titre » (art. 2279, C.civ), dont l'origine remonte aux anciennes coutumes germaniques. D'après l'opinion la plus répandue, cette maxime a son fondement dans une *présomption légale* de propriété au profit du possesseur de *bonne foi*. Cette présomption ne souffre pas la preuve contraire, et par suite, la *revendication est refusée* au propriétaire du meuble. C'est cette impossibilité de revendiquer qui caractérise la règle. Il importe toutefois d'enpréciser la portée.

Tout d'abord, le *possesseur* seul est protégé par la règle, le simple *détenteur précaire* ne l'est pas. Si donc une chose a été prêtée à usage ou déposée entre les mains d'un tiers, la revendication est possible de la part du propriétaire. Mais elle ne l'est plus contre les *tiers* qui ont reçu le meuble du détenteur précaire. Lorsque la chose a été aliénée par le détenteur précaire, le tiers acquéreur se trouve protégé par la maxime, à une condition toutefois, c'est qu'il soit de *bonne foi,* c'est-à-dire qu'il ait cru à la qualité de propriétaire chez l'aliénateur. La revendication est donc possible contre le détenteur précaire lui-même et contre l'acquéreur de mauvaise foi. La maxime : « En fait de meubles, possession vaut titre » ne protège que les tiers de *bonne foi* qui ont acquis la chose d'un autre que son propriétaire.

Elle ne s'applique au surplus qu'aux *meubles corporels,* ce qui comprend les titres au porteur, qui matérialisent en quelque sorte la créance et lui donnent un corps, et non pas aux *meubles incorporels* comme les créances et les universalités de meubles. Même parmi les meubles corporels, il y en a qui ne subissent pas l'application de la maxime, par exemple les meubles du domaine public (objets des musées, etc.) et les navires dont la propriété se transmet par écrit.

La revendication est encore admise de la part du propriétaire et, par suite, la maxime ne s'applique plus, si le meuble a été *perdu* ou *volé,* seulement elle se prescrit alors par trois ans à dater du jour de la perte ou du vol, si elle est exercée contre les sous-acquéreurs ; contre l'auteur du vol, elle ne se prescrit toujours que par trente ans.

Si la chose perdue ou volée a été achetée dans une vente publique ou chez un marchand vendant des choses pareilles, le revendiquant doit rembourser le prix à l'acheteur.

Pour les aliénations mobilières, il y a donc lieu de combiner le principe de la transmission de la propriété par le seul consentement avec la maxime : « En fait de meubles, possession vaut titre. » C'est ce que fait le Code civil français en décidant que, de deux acquéreurs successifs d'une même chose mobilière, celui-là sera préféré et considéré comme propriétaire de la chose, qui en aura été mis en possession réelle le premier, encore que son titre soit postérieur en date et pourvu que sa possession soit de bonne foi (art. 1141).

On voit donc que, pour les meubles, bien qu'en droit la propriété passe à l'acquéreur par le seul fait de la convention, en réalité la tradition sera toujours nécessaire pour assurer à l'acquéreur le bénéfice de son acquisition.

B. — En droit allemand, le principe est que le seul consentement ne suffit pas par lui-même pour opérer la translation de propriété. Pour les choses mobilières, il faut que la chose soit mise en la possession de l'acquéreur, que *tradition lui en soit faite*.

Tel est le principe ; il contredit celui de la loi française. Mais, en fait, les choses se passent à peu près comme en droit français.

D'abord, l'acquéreur de bonne foi acquiert la propriété de la chose, même s'il la tient d'un autre que le propriétaire, à moins qu'il n'ait quelque négligence grave à se reprocher : qu'est-ce que cela, sinon la règle : « En fait de meubles, possession vaut titre », qui se retrouve dans presque toutes les législations, indispensable qu'elle est à la sécurité du commerce ?

En second lieu, ce qu'on entend ici par tradition, ce n'est pas seulement la tradition *matérielle*, c'est le fait de mettre l'acquéreur à même d'entrer en possession de la chose. Il y a d'ailleurs des cas où la tradition est inutile, ou exclue par la convention, par exemple si l'acquéreur est déjà en possession de la chose. C'est ce qu'on appelle la tradition *brevi manu* ; et s'il est convenu que la chose restera en la possession de l'aliénateur (constitut possessoire).

Il se peut encore que le propriétaire aliène une chose qui soit en la possession d'un tiers. La tradition matérielle est alors impossible, mais elle est valablement remplacée par la cession que fait le propriétaire à l'acquéreur de son droit à la restitution de la chose.

A quel moment la bonne foi de l'acquéreur doit-elle exister? Le Code distingue toute une série d'hypothèses. Si la tradition suit immédiatement la convention, il suffit que l'acquéreur soit de bonne foi au moment de la tradition. Si, au moment du contrat, la chose est déjà en possession de l'acquéreur, il suffit que la bonne foi existe à ce moment, mais à condition que l'acquéreur ait été mis en possession antérieurement par le fait de l'aliénateur.

Lorsqu'un simple possesseur, en aliénant la chose qu'il possède, convient avec l'acquéreur qu'il la détiendra en son nom, de telle sorte que l'acquéreur n'en acquiert que la possession médiate, la propriété ne sera acquise à ce dernier que s'il est de bonne foi au moment de la tradition postérieure.

Au cas où la chose aliénée est possédée par un tiers et où le vendeur cède son droit à la restitution de la chose, on distingue suivant que l'aliénateur a ou n'a pas la possession médiate. Dans le premier cas, la propriété passe à l'acquéreur, s'il est de bonne foi au moment de la vente; dans le second, l'acquéreur ne devient propriétaire qu'au moment où il est mis en possession par le tiers et s'il est de bonne foi à ce moment-là.

De toutes ces règles, on peut dégager cette idée générale que *la tradition seule rend l'acquéreur propriétaire*, et à condition que ce dernier *soit de bonne foi à ce moment*. La tradition consiste dans un fait de nature à procurer directement ou indirectement à l'acquéreur la détention matérielle de la chose.

En cas de vol ou de perte d'une chose mobilière, le propriétaire peut, comme en droit français, la revendiquer même entre les mains des acquéreurs de bonne foi, à moins qu'il ne s'agisse d'espèces monnayées, de titres au porteur ou de choses vendues aux enchères publiques, cette dernière restriction apportée dans l'intérêt du commerce.

Pour acquérir une chose mobilière sans titre, la loi exige que la possession ait duré dix ans à titre de propriétaire, avec bonne foi continue de l'acquéreur pendant ce temps.

A l'inverse du droit français, la loi allemande donne au propriétaire d'une chose mobilière qui en est dépossédé, l'action en revendication. Le possesseur est présumé propriétaire, mais cette présomption cède devant la preuve contraire du revendiquant. C'est là une différence fondamentale avec le droit français. La simple possession ne constitue pas un titre à la propriété des choses mobilières.

Bien plus, le possesseur d'une chose mobilière a une action possessoire tout comme le possesseur d'immeubles. Cette action lui permet de revendiquer la possession de la chose contre un possesseur de mauvaise foi, et même contre un possesseur de bonne foi ; s'il s'agit d'une chose volée ou perdue. En droit français, les actions possessoires n'appartiennent qu'au propriétaire d'immeubles.

Ainsi, grâce à la maxime française : « En fait de meubles, possession vaut titre, » le propriétaire d'une chose qui a fait l'objet de deux aliénations successives est celui qui le premier a été mis en possession ; en droit allemand, c'est celui qui le premier en aura acquis réellement la propriété, d'après les règles que nous avons exposées.

SECTION III.— **De l'acquisition de la propriété immobilière en droit français.**

C'est pour les transferts immobiliers que nous allons voir la distance qui sépare les deux Codes.

Le droit français s'en tient à son principe que la pro-

priété se transmet en vertu du seul consentement des
contractants.

Mais ce principe n'est vrai que dans les rapports des
contractants eux-mêmes.

L'efficacité du transfert à l'égard des tiers est subordonnée à certaines conditions de publicité. Cette publicité, c'est la *transcription*, c'est-à-dire une formalité consistant à copier les actes sur des registres spéciaux tenus
dans chaque arrondissement par le conservateur des
hypothèques.

Elle n'a été organisée que lentement et timidement. A
l'époque du Code civil, en 1804, la transcription n'était
pas nécessaire pour valider à l'égard des tiers le transfert de la propriété immobilière, excepté pour les donations de biens susceptibles d'hypothèques (art. 939).
Il n'est pas besoin d'insister pour faire ressortir les inconvénients de ce système du transfert clandestin de la
propriété ; le principal était la facilité avec laquelle l'a-
liénateur pouvait tromper les tiers en leur concédant des
droits réels sur un immeuble dont il n'était plus que le
propriétaire apparent.

Ces inconvénients apparurent aussitôt au législateur,
et dès l'année 1806, le Code de procédure civile dans ses
articles 834 et 835, accordait aux créanciers de l'aliénateur,
le droit d'inscrire leurs hypothèques, même après l'aliénation, et le cours des inscriptions n'était arrêté que par
la transcription de l'acte d'aliénation ; les créanciers
avaient même encore pour s'inscrire un délai de grâce de
quinze jours après la transcription.

Après de longs travaux et une vaste enquête,ouverte en
1840 sur le régime hypothécaire, apparut enfin une loi
qui organisa la publicité des transferts immobiliers et
rendit la transcription obligatoire en abrogeant les articles 834 et 835 du Code de procédure.

Voici, en résumé, quelles sont actuellement les règles
qui régissent,en France, la publicité des transferts immobiliers. Il y a lieu de distinguer, pour les effets de la transcription, celle qui est spéciale aux actes à titre gratuit et
celle qui a lieu en exécution de la loi du 23 mars 1855 :

1° **Transcription des donations.** — La transcription a
été maintenue par le Code civil pour les donations de
biens susceptibles d'hypothèques (art. 939). Cette transcription n'est pas autre chose que l'ancienne formalité
romaine de *l'insinuation*, légèrement modifiée, et établie
par l'ordonnance de Villers-Cotterets, d'août 1539 à titre
de mesure de publicité.

La sanction du défaut de transcription des donations
de biens susceptibles d'hypothèques est particulière-
ment large. Le défaut de transcription peut être invoqué
par toutes les personnes ayant intérêt ; le transfert non
transcrit est non avenu à *l'égard de tous*, sauf à l'égard
des personnes désignées par l'article 941, c'est-à-dire de
celles qui sont chargées de faire la transcription (mari
ou tuteur pour les donations offertes à la femme, au
mineur ou à l'interdit), leurs ayants cause et le donateur.
Peuvent donc opposer le défaut de transcription, les acquéreurs, même à titre gratuit, de droits réels postérieu-

rement à la donation, les locataires ayant des baux de plus de dix-huit ans, les créanciers, même chirographaires du donateur et ses légataires particuliers.

2° Transcription de la loi de 1855. — La transcription de la loi de 1855 a son origine à la fois dans les coutumes de nantissement (nord de la France) et dans la loi du 11 brumaire de l'an VII (1er novembre 1798). Ses effets sont bien moins énergiques que ceux de la transcription des donations.

Nous avons à chercher à quels actes s'applique la transcription, les effets du défaut de transcription, et les personnes qui peuvent l'invoquer.

A.— *Actes auxquels s'applique la transcription.*— Les actes sujets à transcription sont énumérés dans les articles 1 et 2 de la loi du 23 mars 1855. On peut dire d'une manière générale que sont seuls soumis à cette formalité *les actes translatifs de propriété entre vifs.* Ces actes sont des contrats, comme la vente, l'échange, la cession de droits successifs quand elle n'est pas assimilée à un partage, la société, quand il y a apports d'immeubles de la part des associés, etc. Mais la loi procède par énumération et elle comprend parmi les actes soumis à la transcription, les *renonciations*, bien entendu, lorsqu'elles ont un caractère translatif au profit de ceux qui en bénéficient ; par exemple la renonciation à un legs ou à une succession *déjà acceptée*.

Doivent encore être transcrits, certains jugements : ceux qui déclarent l'existence d'une convention verbale

translative de propriété ; et ceux qui prononcent une adjudication autres que ceux rendus sur licitation au profit
d'un cohéritier ou d'un copartageant (parce qu'alors
l'adjudication n'est plus translative de propriété).

L'article 2 range parmi les actes à transcrire ceux
qui sont constitutifs d'antichrèse, de servitude, d'usage
et d'habitation, droits réels non susceptibles d'hypothèques ; il impose la publicité pour le simple contrat de
louage, lorsque le bail a plus de dix-huit ans, les quittances
de loyers d'avance pour plus de trois années et les cessions de loyers faites d'avance pour le même temps.

La transcription nous apparaît ainsi, non plus comme
une institution de crédit hypothécaire, mais comme une
institution créée en faveur de la propriété foncière en
général.

Sont dispensés de la transcription, les transmissions
par décès. Quant aux jugements prononçant la résolution,
la nullité ou la rescision d'un acte transcrit, la loi a bien
prescrit pour eux une publicité particulière, mais avec
une sanction tout à fait insuffisante puisqu'elle se borne
à une amende de 100 francs contre l'avoué qui, ayant
obtenu un jugement de ce genre, n'en a pas fait opérer
la mention en marge de la transcription faite sur le registre de l'acte résolu, annulé ou rescindé (art. 4).

Enfin, il résulte de ce qui précède que les actes purement déclaratifs, confirmatifs ou abdicatifs sont aussi
dispensés de transcription. Par exemple, les partages et
les transactions qui sont des actes déclaratifs, n'y sont
pas soumis.

Les actes confirmatifs ne le sont pas parce que ce ne sont pas eux qui transfèrent la propriété, mais les actes confirmés dont la nullité aurait pu être demandée.

Les actes abdicatifs sont les renonciations à un legs ou à une succession ouverte, non encore acceptés ; ils n'entraînent également aucune translation de propriété.

B. — *Effets du défaut de transcription.* — Le principe que la convention seule transmet la propriété subsiste toujours ; il n'a pas été abrogé par la loi de 1855. L'acte non transcrit produit tous ses effets entre *les parties contractantes*, mais entre ces dernières seulement, il n'est pas opposable *aux tiers.* L'application du principe est donc restreinte, sa portée n'est plus absolue.

C. — *Quels sont donc les tiers qui peuvent se prévaloir du défaut de transcription pour faire considérer l'acte comme non avenu vis-à-vis d'eux ?* — Ce sont les ayants cause de l'aliénateur ; seuls ils ont intérêt à être avertis de l'aliénation qui a dépouillé ce dernier de sa propriété. La loi de 1855 dit que les droits résultant des actes non transcrits « ne peuvent être opposés aux tiers qui ont des droits sur l'immeuble et qui les ont conservés en se conformant aux lois » (art. 3). En d'autres termes, les tiers sont ceux qui ont acquis sur l'immeuble des droits soumis à la publicité et qui les ont rendus publics. Ainsi, l'acquéreur de la pleine propriété, l'usufruitier, l'usager, l'emphytéote, le titulaire d'une servitude, le créancier hypothécaire ou privilégié, le locataire sont compris dans cette formule.

Par contre, ne peuvent opposer le défaut de transcription : les créanciers chirographaires, parce qu'ils n'ont pas de droit sur l'immeuble ; les locataires dont le bail ne dépasse pas dix-huit ans et les légataires particuliers, puisque leurs droits ne sont pas sujets à la publicité ; et enfin les titulaires de droits sur l'immeuble qui n'ont pas fait publier leur titre.

De ce qui vient d'être dit, il résulte que, de deux acquéreurs successifs d'un même immeuble, celui-là seul sera considéré comme propriétaire, qui le premier aura fait transcrire son titre d'acquisition. Théoriquement, ce système paraît devoir satisfaire à toutes les exigences du crédit ; pratiquement, il n'en est rien.

Les acquéreurs d'immeubles sont bien protégés vis-à-vis des autres acquéreurs qui tiennent leurs droits du même auteur, mais il n'en est plus de même, lorsque le conflit s'élève entre acquéreurs ou ayants cause d'auteurs différents ; par exemple, entre un sous-acquéreur et un ayant cause du premier vendeur. En vertu du principe que nul ne peut transmettre à autrui plus de droits qu'il n'en a lui-même, il faut non seulement que le contrat du sous-acquéreur ait été transcrit, mais encore que le titre de son auteur et ceux de ses auteurs médiats, précédents aliénateurs, aient été eux-mêmes également transcrits avant que les ayants cause du premier vendeur aient conservé leurs droits par la transcription ou l'inscription. Il suffit que, dans la série des mutations successives d'un même immeuble, une seule n'ait pas été transcrite, pour

que l'acquéreur risque d'être évincé par un ayant cause
d'un de ses auteurs médiats.

Si l'on ajoute à cela que, ni les transmissions par décès,
ni les causes de résolution et d'annulation ne sont sujettes
à publicité, sauf pourtant l'action résolutoire du vendeur
non payé, on voit combien le système français de la
transcription est insuffisant pour garantir efficacement
la sécurité des tiers.

SECTION IV. — **De la publicité des hypothèques et du crédit foncier français.**

Les donations de biens susceptibles d'hypothèques et
les actes énumérés par la loi du 23 mars 1855 ne sont
pas les seuls qui soient soumis à la publicité. Les privilèges spéciaux sur les immeubles et les hypothèques
doivent également être rendus publics ; seulement, tandis
que les actes translatifs de propriété sont *transcrits*,
c'est-à-dire copiés en entier sur les registres du conservateur des hypothèques, les privilèges et les hypothèques font l'objet d'une simple *inscription*, contenant
les énonciations énumérées par l'article 2148 du Code
civil.

L'hypothèque française a un caractère essentiellement
accessoire ; elle est simplement la garantie d'un droit de
créance, et ne peut exister sans la créance. L'existence
de l'hypothèque suppose l'existence d'une créance qu'elle

garantit. L'hypothèque ne peut ni prendre naissance avant la créance, ni lui survivre. La Révolution avait pourtant essayé d'en faire un droit distinct et indépendant, et une loi du 9 messidor de l'an III avait permis à tout propriétaire de prendre, jusqu'à concurrence des trois quarts de la valeur de ses biens, hypothèque sur lui-même, pour une période qui ne pouvait excéder dix années.

L'hypothèque était donc créée, sans être attachée à aucune dette, et elle était représentée par une cédule hypothécaire délivrée par le conservateur des hypothèques, et était destinée à circuler comme une lettre de change, par voie d'endossement.

Cette loi ne reçut jamais d'application, mais elle est utile à connaître, à cause des analogies qu'elle présente avec la dette foncière allemande.

Il y a pourtant des cas où l'hypothèque peut être détachée de la créance, par exemple les hypothèques légales prennent rang à compter du jour où commence la responsabilité des tuteurs, mari ou comptables de deniers publics et garantissent des créances purement éventuelles, qui peut-être ne naîtront jamais ; l'hypothèque du Crédit foncier de France, qui prend rang avant la réalisation du prêt, à la date de l'acte conditionnel de prêt ; l'hypothèque constituée au profit du banquier pour obtenir de lui une ouverture de crédit, en garantie des emprunts qui seront successivement consentis, l'hypothèque légale de la femme mariée lorsque la femme se substitue un tiers pour l'exercer à sa place.

Mais, en dehors de ces cas, l'hypothèque n'est qu'un droit accessoire de la créance qui suit le sort de la créance à laquelle elle est attachée.

Nous ne pouvons exposer en détail, le système hypothécaire français. Nous nous contenterons d'en signaler les défauts ; toute cette partie du Code civil est à remanier entièrement, elle n'est que la reproduction, à peu de choses près, de l'ancienne jurisprudence française, qui pouvait suffire à une époque où les biens restaient longtemps dans les familles, et où l'état de la propriété apparaissait aux yeux de tous dans son état à peu près véridique, mais qui ne répond plus aux besoins de la société moderne dans laquelle les biens changent sans cesse de mains et sont possédés par des propriétaires peu connus.

Les nécessités du commerce, commandent aujourd'hui d'assurer la sécurité du crédit et des capitalistes.

Or, le Code français ne satisfait pas à ce besoin. Il ne garantit ni les droits des capitalistes, ni les intérêts des débiteurs, ni ceux des acquéreurs, ni ceux du public lui-même.

En effet, la publicité organisée par le Code est incomplète. Elle ne s'applique pas à toutes les hypothèques : les hypothèques légales y échappent. En outre, la plupart des hypothèques légales sont aussi générales, c'est-à-dire indéterminées quant aux immeubles qui en sont grevés et quant au chiffre des créances qu'elles garantissent. De là le défaut de sécurité pour les créanciers ou prêteurs d'argent, ils ne peuvent pas savoir si leur garantie

hypothécaire ne sera pas rendue illusoire par des constitutions antérieures d'hypothèques qui auraient épuisé
le crédit du débiteur. En outre, comme toutes les mutations de propriété immobilière ne sont pas sujettes à
publicité, ils ne peuvent pas être certains d'avoir affaire
au véritable propriétaire de l'immeuble hypothéqué.

Par là se trouve atteint le crédit du débiteur lui-même
qui ne trouve à emprunter qu'à des conditions plus oné-
reuses, car les hypothèques qui pèsent déjà sur son immeuble ne laissent pas apparaître nettement et d'une façon certaine aux créanciers la portion d'actif restant libre,
et pouvant, par suite, garantir de nouvelles dettes.

Ainsi les deux principales conditions d'une bonne organisation hypothécaire, publicité sans réserve et spécialité, ne sont qu'imparfaitement remplies dans le système
français.

D'autre part, l'hypothèque française ne se prête qu'imparfaitement à la mobilité du crédit. Le contrat de prêt
sur lequel elle repose lie le créancier et le débiteur pour
un temps généralement assez long dont le terme est immuable ; le prêteur ne peut pas rentrer dans ses fonds
quand il le veut. Les cédules hypothécaires de la loi du
9 messidor an III n'ont jamais été usitées.

Il est juste de dire que la mobilisation du crédit foncier
par la création de titres hypothécaires d'une circulation
plus facile, ne répond peut-être pas à un besoin réel, car
les prêteurs et les emprunteurs auraient un moyen assez
simple d'arriver à ce résultat. La loi française reconnaît

en effet la validité des contrats contenant constitution
d'hypothèque, lorsqu'ils sont rédigés en brevet, c'est-
à-dire, lorsque le titre original est remis au créancier par
le notaire sans en conserver minute.

Or, ces contrats sont transmissibles par endossement
au moyen de la clause à ordre, comme un effet de commerce, et l'endossement transfère l'hypothèque en même
temps que la créance. Si la créance est considérable, on
peut la fractionner en plusieurs titres permettant d'éche-
lonner les échéances. La jurisprudence française a admis
ces transferts par endossement ; or, en pratique ils n'ont
jamais lieu. Il faut donc en conclure que, en France,
l'intérêt des propriétaires ne réclame pas autant qu'on
veut bien le dire, une circulation plus active des biens
immobiliers.

Ce qui est nécessaire, c'est d'attirer les capitaux vers
la propriété foncière, et l'institution du Crédit foncier de
France satisfait pleinement à ce besoin. Cette société
sert d'intermédiaire entre les propriétaires qui ont besoin
d'emprunter et les capitalistes qui veulent prêter leur argent sur hypothèque. Elle prête elle-même aux premiers
et emprunte aux seconds. Les prêts sont donc faits avec
l'argent des capitalistes. Ceux-ci reçoivent en échange
des lettres de gage ou obligations foncières de 500 francs
chaque, émises par la Société du Crédit foncier de France
et négociables à la Bourse. Ces obligations sont garan-
ties par les hypothèques consenties à la Société par les
propriétaires emprunteurs. Le placement sur hypothèque

se décompose ainsi en deux parties : l'emprunt fait par la société et constaté par l'obligation foncière, titre de créance remis au prêteur, et l'acte de prêt consenti par la société au propriétaire, dont le titre reste déposé chez le notaire. Donc, les porteurs d'obligations foncières sont des créanciers hypothécaires, dont le gage porte sur la masse des biens hypothéqués à la société. La garantie hypothécaire, pour indirecte qu'elle soit, n'en est pas moins absolument efficace.

Grâce à ce système, la mobilisation du Crédit foncier est obtenue d'une façon parfaite.

SECTION V. — **Transmission de la propriété immobilière en droit allemand.**

A. — *Investiture ou dessaisine-saisine.* — Nous avons déjà vu que le Code civil allemand ne reconnaissait à la simple convention aucune force translative de propriété. Le seul droit qui en résulte pour l'acquéreur est celui, purement personnel, de contraindre l'aliénateur à lui transférer la propriété. S'il s'agit de meubles, ce sera la tradition ; s'il s'agit d'un immeuble, ce sera une formalité spéciale appelée investiture ou *dessaisine-saisine*, consistant dans la déclaration simultanée du vendeur et de l'acheteur, en présence du préposé aux livres fonciers, ou Grundbuchrichter, que la propriété de l'immeuble est cédée par le vendeur à l'acheteur qui accepte.

Cette formalité préliminaire, indispensable de l'inscription du transfert sur les livres fonciers, tire directement son origine des anciens usages germaniques et des
solennités dont ils entouraient les aliénations des fiefs.

C'est la solennité de l'investiture féodale du moyen
âge simplifiée et adaptée aux besoins modernes ; elle a
survécu, dépouillée des scènes pittoresques et symboli-
ques qui l'accompagnaient autrefois, et avec le caractère
abstrait de notre époque bureaucratique (1).

Aujourd'hui, comme au moyen âge, les parties doivent
comparaître devant le juge foncier (autrefois, devant les
Cours féodales) et déclarer à haute voix leur volonté réciproque d'aliéner et d'acquérir.

Certains tempéraments ont pourtant été apportés à
cette exigence. Dans les pays rhénans par exemple, où
la propriété est très divisée, la formalité de la dessaisine-saisine peut être accomplie devant le tribunal cantonal compétent ou même par devant notaire ; et dans les
pays où la compétence des tribunaux relativement à la
réception des contrats a subsisté, la dessaisine-saisine
peut être déclarée devant eux ; elle a lieu judiciairement.

Enfin, lorsque les parties ont signé le procès-verbal
d'une enchère judiciaire ou notariée, leur présence n'est
pas nécessaire, la dessaisine-saisine est considérée *ipso
facto* comme déclarée.

La déclaration de dessaisine-saisine, de devest et de

____

(1) Besson, *Les livres fonciers et la réforme hypothécaire*, p. 262.

vest, comme on disait dans les pays français où régnaient les coutumes de nantissement, ne peut être faite que purement et simplement ; elle est exclusive d'un terme ou d'une condition.

Cela n'empêche pas, comme nous le verrons, le créancier conditionnel ou à terme d'un droit immobilier ou à l'aliénateur sous condition, de sauvegarder leurs droits, de s'assurer leur droit d'acquisition ou leur droit de retour ou de résolution, au moyen de ce qu'on appelle une *prénotation* (Vomerkung) sur les livres fonciers.

La déclaration de dessaisine-saisine ou investiture doit précéder l'inscription de l'aliénation du Grundbuch (livre foncier).

Il peut arriver cependant, et il arrive souvent en effet, que, pour éviter les frais, ou même par simple négligence, les parties omettent la formalité préalable de l'investiture.

Et alors, si le vendeur vient à mourir et que ses héritiers soient inconnus, il est difficile de procéder à l'inscription sur le Grundbuch des droits de l'acquéreur lorsque cette inscription devient nécessaire.

Le législateur vient alors au secours de l'acquéreur lorsque celui-ci a possédé l'héritage à titre de propriétaire pendant trente ans. Il lui donne le droit de poursuivre, par voie de sommation publique, *la forclusion du vendeur décédé* ou déclaré tel, qui est encore inscrit comme propriétaire sur le Grundbuch.

Le jugement de forclusion ne peut être obtenu que si,

depuis trente ans, le propriétaire inscrit au livre foncier n'a consenti lui-même aucune inscription de droit réel, et au cas où un tiers a été inscrit comme propriétaire ou si une opposition contestant l'exactitude du livre foncier y a été inscrite, le jugement de forclusion qui interviendrait postérieurement laisserait ces droits intacts.

Lorsque le jugement de forclusion est obtenu par l'ac-quéreur, il doit le faire inscrire sur le Grundbuch.

La prescription acquisitive n'existe donc pas en droit allemand, du moins en tant qu'institution faisant acqué-rir par elle-même et indépendamment de toute formalité, la propriété.

C'est une conséquence de la force probante attachée aux livres fonciers.

Un propriétaire peut aussi abandonner son immeuble, mais il doit faire une déclaration d'abandon au préposé des livres fonciers et faire transcrire cette déclaration. Alors le droit de s'approprier l'immeuble abandonné ap-partient à l'Etat dans le ressort duquel l'immeuble est situé.

B. — *L'inscription au Grundbuch.* — *Effet absolu.* — L'inscription au Grundbuch doit suivre nécessairement la formalité de l'investiture. C'est même là l'opération essentielle du transfert ; et la propriété foncière ne s'ac-quiert *même au regard des parties contractantes*, que par l'inscription du transfert sur le feuillet de l'immeuble au livre foncier.

Voilà la différence fondamentale qui existe entre le droit

français et le droit allemand en ce qui touche la transmission de la propriété immobilière. En France, c'est en principe la convention ou la prescription acquisitive qui rend propriétaire. En Allemagne, n'est propriétaire au regard des tiers, que celui qui est inscrit comme tel aux livres fonciers. C'est là la base du système.

Il importe toutefois de préciser la portée du principe que la propriété n'est acquise, même entre parties, que par l'inscription du transfert au livre foncier. Ce principe n'est vrai que pour les *transmissions volontaires*, pour les mutations qui sont le résultat d'une convention ; mais il n'a plus d'application à l'égard des mutations qui s'opèrent sans la volonté des parties, par succession, par voie d'expropriation forcée ou pour cause d'utilité publique.

Entendons bien cependant. Ce n'est pas à dire que, même dans ces cas, la publicité sera transmise à l'égard des tiers sans publicité. Si la loi, ou un fait étranger à la volonté des parties, comme l'expropriation forcée ou la mort, peuvent conférer l'investiture, le droit du nouveau propriétaire ne sera opposable aux tiers que s'il est inscrit aux livres fonciers. Par conséquent, l'héritier ou l'adjudicataire ne pourront eux-mêmes consentir d'investiture ni constituer de droit réel sur l'immeuble, que s'ils se sont préalablement fait inscrire au livre foncier.

La publicité du droit allemand ne comporte donc, en réalité aucune réserve. Pour les tiers, le propriétaire, c'est celui qui figure au livre foncier. Peu importent les vices qui pouvaient affecter la convention en vertu de laquelle l'aliénation a eu lieu, peu importent les rapports juridiques qui existaient entre les parties, le tiers au profit duquel inscription est prise acquiert la propriété. Si par exemple, l'aliénation a eu lieu en vertu d'une vente nulle ou sujette à rescision, l'acheteur inscrit sera considéré comme propriétaire et le vendeur sera obligé de respecter les droits que l'acheteur aura pu concéder aux tiers; il n'aura contre lui qu'une action personnelle, basée sur l'enrichissement indû.

C. — *Actes sujets à inscription.* — Le principe de la publicité s'étend, bien entendu, à tous les droits réels, hypothèques, dettes foncières, aux restrictions du droit de disposition ou de jouissance attaché à la propriété et d'une façon générale à tous les faits juridiques de nature à diminuer ou à anéantir le droit du propriétaire inscrit. Clause révocatoire, réméré, droit de résolution ou de retour, révocabilité de donation, tous ces droits réels, toutes ces restrictions légales ou conventionnelles ne produisent effet à l'égard des tiers que par leur inscription au Grundbuch, et à partir de cette inscription.

Par suite, l'acquéreur d'un immeuble ou de droits réels sur un immeuble est absolument et complètement garanti contre les causes d'éviction, résultant d'un droit non inscrit, en supposant bien entendu, qu'il tienne son acquisition du propriétaire inscrit au livre foncier. Toutes les conventions passées avec le propriétaire inscrit, sur la foi du livre foncier, sont à l'abri de toutes les actions fondées sur des droits non révélés par le feuillet de l'immeuble.

D.— *Effets de l'inscription « inter partes »*.— Mais il va de soi que si la force probante des livres fonciers est absolue au regard des tiers dont la sécurité est en dehors de toute atteinte, elle n'a plus la même portée lorsqu'il s'agit des rapports des contractants entre eux.

L'inscription du titre de transfert est bien nécessaire pour l'acquisition du droit réel, mais elle n'est pas suffisante ; l'inscription doit être précédée d'une convention valable. Elle ne purge pas le titre des vices dont il peut être atteint. *Inter partes*, ces vices continuent à produire leurs effets, et le titre sera toujours annulable ou résoluble, réserve faite évidemment des droits acquis par les tiers, sur la foi des livres fonciers. Par conséquent, le législateur concilie les exigences de la publicité avec les principes du droit commun.

La publicité, ainsi comprise avec des effets absolus à l'égard des tiers, ne va pas sans présenter de sérieux dangers pour les tiers dont les droits n'ont pas été inscrits.

Le propriétaire, par exemple, qui revendique son immeuble contre un possesseur inscrit comme propriétaire au livre foncier, est obligé de respecter les droits cédés par ce dernier à des tiers de bonne foi. Si donc le possesseur a grevé l'immeuble d'hypothèques qui en absorbent la valeur, le propriétaire véritable se trouvera injustement dépouillé. Ce résultat est une conséquence nécessaire de la force probante attachée aux livres fonciers, qui en fait considérer la teneur comme exacte en faveur de ceux qui acquièrent des droits sur un fonds. Le propriétaire n'aura plus, comme nous l'avons dit, qu'une action personnelle en indemnité, basée sur l'enrichissement indû, contre l'auteur des actes de disposition faits à son préjudice.

Il est évident que la protection due à l'authenticité des livres fonciers ne s'étend qu'aux tiers de bonne foi, c'est-à-dire qui ont contracté sur la foi du livre foncier et dans la croyance de son exactitude ; car, l'acquéreur de mauvaise foi, c'est-à-dire celui qui aurait eu connaissance de l'inexactitude des mentions portées au livre foncier, ne pourrait plus repousser l'action du propriétaire, en invoquant la foi due au Grundbuch. La bonne foi doit exister au moment de l'inscription, à moins que l'inscription ne soit prise avant la conclusion du contrat, auquel cas la bonne foi de l'acquéreur devra encore exister au moment de la conclusion du contrat.

E. — *Des prénotations.* — La rigueur des conséquences du principe de l'authenticité des livres fonciers a été atténuée par le système de la prénotation (Vomerkung).

La prénotation est une simple mesure conservatoire dont la faculté est accordée à celui qui revendique un immeuble contre le propriétaire inscrit au Grundbuch, ou à celui qui réclame la constitution, la modification ou l'annulation d'un droit réel sur l'immeuble. La prénotation empêche le propriétaire inscrit de consentir des aliénations ou de constituer des droits réels sur l'immeuble au préjudice du prénotant. Elle paralyse l'exercice des droits du propriétaire jusqu'à l'inscription définitive du droit réservé par la prénotation. Ce n'est pas à dire que le propriétaire ne puisse disposer de l'immeuble, mais les droits réels qu'il pourrait consentir sur lui postérieurement à la prénotation ne seront pas opposables au prénotant si la prétention de ce dernier vient à être reconnue fondée, car alors l'inscription de son droit rétroagit au jour de la prénotation sur le registre foncier et anéantit tous les droits réels que les tiers auraient pu acquérir malgré l'avertissement qui leur était révélé par le livre foncier. Si, au contraire, le prénotant succombe dans son action, la prénotation est annulée et les droits consentis par le propriétaire sur l'immeuble sont maintenus.

La prénotation agit donc d'une façon analogue à la condition.

C'est une *inscription provisoire* destinée à assurer à sa date l'inscription définitive, pour le cas où la condition dont elle dépend s'accomplirait. Par exemple, le vendeur non payé demande la radiation de l'inscription prise au nom de l'acheteur. S'il devait attendre l'issue du procès, l'acheteur pourrait aliéner ou hypothéquer l'immeuble pendant la litispendance, et les acquéreurs ou créanciers de bonne foi se dresseraient devant le revendiquant pour lui opposer leurs droits.

Le demandeur en revendication réservera donc son droit litigieux par une prénotation. S'il obtient gain de cause, son droit de propriété rétroagira à cette date et toutes les aliénations ou constitutions de droits réels consenties postérieurement par le défendeur deviendront caduques par le seul effet de la radiation de l'inscription prise au nom de ce dernier.

A l'inverse, l'acheteur auquel le propriétaire refuse l'investiture demande l'exécution du contrat.

Pour empêcher l'aliénateur de disposer du fonds au profit d'un tiers, il assure la conservation de son droit par une prénotation au Grundbuch ; et s'il triomphe dans sa demande, l'effet de dessaisine-saisine rétroagira au jour de la prénotation.

L'inscription de la prénotation peut avoir lieu du consentement de celui dont le fonds en est grevé ; mais le plus souvent, il faudra vaincre sa résistance et obtenir une ordonnance provisoire du tribunal.

Cette nécessité du consentement du propriétaire inscrit a pour but d'éviter que des prénotations faites à la légère encombrent inutilement le registre foncier.

Lorsque l'ordonnance du tribunal vient à être cassée par un jugement exécutoire, la prénotation est radiée même malgré le créancier.

La prénotation n'a pas seulement pour objet de garantir une créance en cession ou en abandon d'un droit réel, elle peut encore servir à lui assurer un rang déterminé.

Mais son utilité principale est surtout de garantir les créances futures ou conditionnelles. Nous avons vu en effet, que la formalité de la dessaisine-saisine ou investiture ne comportait ni terme, ni condition. Il était dès lors indispensable d'assurer la conservation des droits tenus en suspens ou résolubles, et cela d'autant plus que le Code civil allemand n'admet pas la rétroactivité des conditions. Il n'y a pas, en droit allemand, de différence entre le terme et la condition, du moins quant à leurs effets : « Si un acte juridique, dit l'article 158, est fait sous une condition suspensive, l'effet attaché à la condition se produit lors de la réalisation de la condition.

« Si un acte juridique est fait sous une condition résolutoire, l'effet de l'acte cesse à la réalisation de la condition. »

Mais rien n'empêche les parties de donner à la condition un caractère rétroactif, en convenant que les suites attachées à la réalisation des conditions seront reportées à une époque antérieure (art. 159) ; seulement, cette rétroactivité conventionnelle n'a d'effet qu'entre les parties contractantes. On conçoit dès lors l'utilité de la prénotation lorsque les droits immobiliers sont affectés d'une condition suspensive ou résolutoire, à laquelle les parties ont entendu donner un effet rétroactif même à l'égard des tiers.

La prénotation laisse naturellement intacts les rapports existants entre le créancier et le débiteur. Ainsi, le débiteur conserve le droit d'opposer toutes les exceptions qui lui appartiennent contre la créance qui a fait l'objet de la prénotation, et s'il peut en faire valoir une qui exclut l'existence de la créance, il peut faire rayer la prénotation. Quand le créancier prénoté est inconnu, il peut même être forclos par la voie de la sommation publique.

F. — *Du rang des inscriptions.* — Ainsi donc, les droits réels n'existent qu'en vertu de leur inscription au livre foncier ou Grundbuch. Peu importe que l'accord nécessaire à l'acquisition du droit intervienne antérieurement ou postérieurement à l'inscription.

Et ceci est vrai de tous les droits réels : propriété, hypothèque, constitution de rente, contrat de gage, usufruit, servitudes, etc. La convention ne donne au créancier qu'un droit purement personnel, celui d'exiger l'inscription au registre terrier.

Et le rang dans lequel ces droits pourront être exercés, est réglé par l'ordre même de leur inscription.

Mais il importe de préciser ce point important.

Les inscriptions déterminent le rang des droits immobiliers seulement lorsqu'elles sont prises dans un même bureau de conservation des registres fonciers. Car, si les inscriptions sont prises dans des bureaux différents, c'est celle dont la date est la plus ancienne qui sera préférée. Si elles ont été prises le même jour, elles ont le même rang.

La loi permet de permuter le rang des inscriptions, à condition bien entendu que cette permutation soit elle-même inscrite au Grundbuch. Les inscriptions intermédiaires conservent leur rang.

Pour permuter le rang entre deux créances, il suffit du consentement du créancier cédant et du créancier cessionnaire. Celui du propriétaire n'est pas nécessaire, à moins qu'il ne s'agisse d'hypothèques et de rentes foncières, parce que, dans ce cas, si les créances viennent à s'éteindre, le propriétaire acquiert les droits des créanciers.

Le propriétaire, en constituant sur son immeuble un droit réel, peut encore se réserver le droit de faire inscrire avec un rang préférable une autre créance. La loi autorise donc une dérogation au principe que l'inscription détermine le rang des droits immobiliers.

La créance réservée primera alors la créance antérieure. Bien entendu, cette clause de réserve ne produit son effet que par la mention en marge de l'inscription de la créance qui doit céder le rang à la créance réservée.

Et si une autre créance est inscrite sans clause de réserve entre d'autres créances affectées de la réserve, elle primera non seulement ces dernières, mais même la créance réservée.

G. — *De la prescription tabulaire.* — De tout ce qui précède, il résulte nécessairement que la prescription acquisitive immobilière, qui joue un si grand rôle en droit français,ne saurait trouver place dans la législation allemande. Dès l'instant qu'on ne reconnaît d'autre propriétaire que celui qui est inscrit au Grundbuch, il ne peut plus être question de prescription, fondée sur le juste titre, la bonne foi et la possession de dix ou vingt ans, comme celle qui est reconnue par le droit français.

Il ne faudrait pas cependant pousser cette conséquence

à ses dernières limites, car le droit allemand admet même,
pour l'acquisition des immeubles, une prescription d'une
nature particulière, qu'il appelle *prescription tabulaire*.
Nous avons vu que celui qui est inscrit comme propriétaire sur le Grundbuch est considéré comme tel, mais à
l'égard des tiers de bonne foi seulement.

Entre l'aliénateur et l'acquéreur, l'inscription laisse
subsister tous les vices et toutes les causes d'annulation
inhérents au titre d'acquisition. Donc, et malgré l'inscription, le propriétaire *véritable* peut faire valoir ses droits
contre le propriétaire inscrit en vertu d'un titre faux ou
entaché d'un vice.

Mais il ne pourra exercer son action que pendant trente
ans. Passé ce délai, celui qui, sans être propriétaire de
l'immeuble a été inscrit comme tel au Grundbuch et a
exercé la possession à titre de propriétaire, a acquis définitivement la propriété de l'immeuble. Il est propriétaire incommutable *erga omnes*.

Cette prescription ne peut être interrompue que par
une opposition inscrite elle-même au livre foncier.

Ce que nous disons ici du droit de propriété, s'applique
également à tous les droits immobiliers inscrits aux
livres fonciers.

H. — *Radiation et mainlevée.* — De ce que l'on ne peut
prescrire aucun droit en contradiction avec la teneur des
livres fonciers, il suit que la radiation seule ou la mainlevée transcrite aux livres fonciers, peut opérer l'annulation des droits constitués sur les immeubles. Cette

mainlevée peut résulter de la simple déclaration faite par le créancier qu'il renonce à son droit ; et cette déclaration peut être adressée soit au préposé des livres fonciers, soit au débiteur lui-même ; seulement dans ce dernier cas, le créancier doit remettre au débiteur une procuration conforme aux prescriptions des livres fonciers. Cette renonciation ne peut d'ailleurs préjudicier aux droits des tiers, et si le droit, objet de la renonciation est lui-même grevé d'une charge au profit d'un tiers, le consentement de ce dernier sera nécessaire.

On voit déjà quelle sécurité la publicité organisée par le droit allemand donne aux transactions immobilières. Il convient maintenant de poursuivre ce parallèle entre les législations française et allemande sur le régime hypothécaire, par l'étude sommaire de l'organisation du crédit foncier.

SECTION VI. — Du crédit foncier allemand.

A. — *Des diverses formes du crédit foncier.* — Disons de suite que la règle fondamentale de l'acquisition des droits réels immobiliers, et en particulier de l'hypothèque, par l'inscription aux livres fonciers, est, nécessairement, exclusive des hypothèques tacites et générales. L'hypothèque ne peut être que spéciale et ne vaut que par l'inscription. En outre, le législateur allemand ne reconnaît d'hypothèque que sur la substance même des biens immobiliers et exclut l'hypothèque sur l'usufruit admise en droit français.

D'autre part, et ceci est remarquable, le droit allemand a affranchi l'hypothèque des multiples entraves que le droit français a laissé peser sur elle. Sans doute, l'hypothèque est toujours l'accessoire de la créance qu'elle garantit, mais elle n'est plus immobilisée, fixée à l'immeuble, elle se détache de l'immeuble pour circuler avec la créance.

L'hypothèque devient ainsi une valeur en quelque sorte commerciale, et un instrument de mobilisation du crédit foncier. Nous sommes dès lors amené à parler des diverses formes de crédit, créées par le législateur allemand : l'*hypothèque*, qui se présente sous la double forme de *lettre hypothécaire* et d'*hypothèque enregistrée*, la *dette foncière* et la *rente foncière*. Toutes tendent au même but : le paiement d'une somme d'argent sur le produit d'un immeuble par voie d'exécution forcée.

Mais une différence fondamentale sépare l'hypothèque de la dette et de la rente foncière, c'est que l'hypothèque suppose l'existence d'une créance *personnelle* au *créancier*, tandis que la dette et la rente foncière peuvent exister indépendamment de toute créance personnelle.

Quant à la lettre hypothécaire et à l'hypothèque enregistrée, ce qui les distingue, c'est que le créancier de de la lettre hypothécaire ne peut faire valoir sa créance qu'en produisant son titre, la créance est en quelque sorte incorporée au titre ; tandis que l'hypothèque enregistrée ne comporte pas la délivrance d'une lettre hypothécaire (art. 1116-1117). *Le droit commun c'est la lettre hypothé-*

caire. Lorsqu'un créancier hypothécaire se fait inscrire au livre foncier, le préposé lui remet une lettre hypothé-caire(hyposhekenbrif), à moins de volonté contraire. Dans ce cas, c'est-à-dire si la lettre hypothécaire est exclue, il en est fait mention au Grundbuch et l'hypothèque devient une hypothèque enregistrée.

B. — *De la lettre hypothécaire.* — Lorsque l'hypothèque est constituée au moyen de la lettre hypothécaire, le *créancier n'acquiert l'hypothèque que par la remise de la lettre hypothécaire.*

Toutefois, les parties peuvent convenir que le créancier se fera remettre la lettre hypothécaire par le préposé aux livres fonciers, et cette convention équivaut à la tradition.

La lettre hypothécaire est véritablement le titre du créancier, et sa possession crée en faveur de ce dernier la présomption que la tradition a eu lieu du consentement du débiteur.

C'est elle qui fait foi vis-à-vis des tiers, et si le livre foncier contient une erreur sans qu'il en soit fait mention sur la lettre hypothécaire, les intéressés ne peuvent plus invoquer l'authenticité du livre foncier ; si une opposition contre l'exactitude du livre foncier est mentionnée sur la lettre hypothécaire, elle produit le même effet que si elle était inscrite sur le livre foncier lui-même. Mais le créancier doit remettre la lettre hypothécaire pour faire rectifier le livre foncier.

Lorsque le débiteur paie sa créance, le créancier doit

lui rendre la lettre hypothécaire. Le paiement partiel est consigné sur la lettre, et alors le créancier doit la présenter au préposé des livres fonciers, pour faire opérer la radiation partielle. Il peut encore être fait, dans ce cas, une lettre hypothécaire partielle, mais alors on doit mentionner sur l'ancienne lettre la création de la nouvelle lettre partielle, pour empêcher les fraudes.

Si la créance vient à se partager, on peut encore faire de nouvelles lettres partielles, pour remplacer l'ancienne, même sans le consentement du débiteur.

Au cas où la lettre hypothécaire vient à être perdue ou détruite, elle est annulée par voie de sommation publique et le créancier peut s'en faire délivrer une nouvelle.

L'hypothèque, sous cette forme, est un instrument de crédit puissant et de circulation facile. En effet, la créance hypothécaire est valablement cédée par un acte de cession écrit, accompagné de la remise de la lettre hypothécaire, ou par une inscription au Grundbuch, constatant la cession. Dans tous les cas, la remise de la lettre est nécessaire, à moins qu'il ne soit convenu que le cessionnaire se fera remettre la lettre hypothécaire par le préposé aux livres fonciers. Le cédant est obligé, si le cessionnaire le demande, de faire légaliser l'acte de cession.

Le possesseur de la lettre hypothécaire est donc considéré comme inscrit réellement et directement sur le livre foncier hypothécaire, mais à condition, bien entendu, que sa créance résulte d'une série ininterrompue de cessions authentiquement certifiées, ou d'ordonnances et collocations judiciaires.

C. — *De l'hypothèque du propriétaire.* — Ce n'est pas tout, et le législateur allemand, dans son désir de favoriser l'essor du crédit foncier, a consacré et généralisé l'*hypothèque du propriétaire*, à laquelle la loi du 5 mai 1872 avait déjà donné en Prusse droit de cité, et qui était d'ailleurs pratiquée dans beaucoup d'Etats germaniques.

Cette institution a été parfaitement acceptée par les propriétaires fonciers en Allemagne.

Elle n'est d'ailleurs qu'une variété de la lettre hypothécaire dont elle est en quelque sorte le corollaire obligé. Dès l'instant que l'hypothèque se constitue par la déclaration au préposé des livres fonciers et par la remise au déclarant d'une lettre hypothécaire, si l'inscription a lieu à la requête du propriétaire, l'hypothèque appartient à ce dernier, jusqu'au moment où il fait au créancier remise de la lettre hypothécaire. Ce qui caractérise l'hypothèque du propriétaire, ce n'est pas qu'elle ne puisse être créée comme sûreté d'un droit personnel, mais c'est qu'elle existe indépendamment du droit personnel, elle n'en est pas l'accessoire, car elle prend justement naissance lorsque la créance à la sûreté de laquelle elle a été affectée ne se réalise pas ou s'éteint, ou que le créancier y renonce. L'hypothèque du propriétaire survit donc à l'extinction de la créance, elle fait retour au propriétaire du fonds grevé et conserve son rang vis-à-vis des autres hypothèques établies sur le fonds.

Elle n'est donc autre chose qu'une sorte de charge foncière participant à la nature de la dette foncière, et dont les conditions sont déterminées par les stipulations contenues dans l'obligation quant aux intérêts, au terme et au lieu du paiement. Tant que l'hypothèque et la propriété sont réunies sur la même tête, le propriétaire est soumis aux mêmes restrictions que celles qui existent pour les dettes foncières constituées en faveur du propriétaire ; c'est-à-dire qu'il ne peut se faire payer par voie d'exécution forcée ni demander des intérêts, excepté au cas où l'immeuble est administré par séquestre à la requête d'un tiers.

Cette hypothèque du propriétaire s'acquiert de plusieurs manières. D'abord, lorsque le propriétaire demande la délivrance d'une lettre hypothécaire, l'hypothèque, nous l'avons vu, lui appartient jusqu'à ce qu'il ait remis la lettre au créancier. Lorsque celui-ci renonce à sa créance, l'hypothèque est encore acquise au créancier ; si la renonciation n'est que partielle, l'hypothèque ne passe au propriétaire que partiellement, c'est-à-dire pour la partie devenue libre et il peut demander la remise d'une lettre partielle. En un mot, l'extinction de la créance fait acquérir l'hypothèque au propriétaire, dans la mesure où elle s'éteint et quelle que soit la cause de l'extinction, délégation, expromission, forclusion du créancier méconnu par voie de sommation publique.

Il y a pourtant des cas où l'hypothèque, malgré le paiement de la créance, ne fait pas retour au propriétaire.

Ainsi, lorsqu'un débiteur solidaire paie le créancier, il a recours contre ses codébiteurs, et ce recours est garanti par l'hypothèque du créancier dans laquelle il est subrogé de plein droit ; il en est de même de la caution, du tiers qui a intérêt à payer la dette pour assurer la conservation de l'immeuble hypothéqué et du débiteur personnel ; le paiement qu'ils font au créancier, leur fait acquérir l'hypothèque. Lorsque le propriétaire de l'immeuble hypothéqué paie le créancier, l'hypothèque est acquise au propriétaire. Mais il ne faudrait pas croire qu'elle se convertit alors en dette foncière.

Non seulement elle subsiste, mais elle subsiste avec la créance, malgré la réunion dans la même personne des qualités de propriétaire et de créancier. Et ceci est remarquable, car tant que la confusion des deux qualités existe, l'hypothèque se comporte comme une dette foncière, et elle est soumise aux mêmes restrictions, quant aux intérêts et au paiement par voie d'exécution forcée, qui sont refusés au propriétaire.

Néanmoins elle n'est pas une dette foncière, car le propriétaire peut céder à un tiers la créance et l'hypothèque, au grand profit de la commodité du crédit.

Le propriétaire et le créancier peuvent encore substituer une autre créance à celle qui est garantie par l'hypothèque. Si les deux créances appartenaient au même créancier, il suffira que cette substitution soit inscrite au livre foncier. Si la créance à substituer à la première

n'appartient pas au même créancier, il faut le consentement du premier créancier.

D. — *De la dette foncière.* — *Grundschuld* (art. 1191-
1198).

Le législateur allemand fait un pas de plus dans la
voie qu'il a ouverte. Tandis que l'hypothèque, même l'hypothèque du propriétaire avait, en définitive, son fondement dans une créance, la dette foncière n'accompagne
plus aucun droit personnel, elle existe par elle-même,
abstraction faite de la personne du débiteur. C'est une
simple charge établie sur un immeuble, et qui donne à
son titulaire le droit de se faire payer sur le produit de
la vente de l'immeuble.

L'*hypothèque* suppose une *personne débitrice*, la *dette
foncière* suppose un *fonds débiteur*. La dette foncière
allemande présente les plus grandes ressemblances avec
l'hypothèque sur soi-même, que la loi du 9 messidor
an III avait voulu établir en France.

Tout propriétaire foncier peut faire inscrire sur son
immeuble une ou plusieurs obligations foncières. Aussitôt
après la constitution et l'inscription de la dette foncière,
le conservateur préposé aux livres fonciers délivre au
propriétaire un bon foncier de lettre de gage (Grunds-
chuldbrief) analogue à la lettre hypothécaire, à moins
qu'il n'en soit autrement convenu.

Cette lettre foncière ou lettre de gage est la copie litté-
rale de l'inscription, et, en outre, elle contient un extrait
du feuillet de l'immeuble grevé avec toutes les indications utiles à la sécurité du porteur de la lettre.

La lettre foncière indique la somme pour laquelle elle a été émise et pour éviter que cette somme ne soit fixée à un chiffre exagéré, le préposé aux livres fonciers doit mentionner dans la lettre les prix d'acquisition de l'immeuble dans les dix dernières années, les estimations officielles et celles des contrats d'assurances, et le montant des hypothèques inscrites. Toutes ces indications servent à garantir les acquéreurs de la lettre foncière, en leur donnant les éléments d'appréciation de la valeur de leur gage. La loi française du 9 messidor de l'an III avait fixé aux trois quarts de la valeur vénale des biens désignés dans la cédule hypothécaire, la somme que devait garantir ladite cédule. Certains auteurs pensent que ce système eût été préférable.

La lettre foncière peut être établie au porteur, et alors on lui applique les règles relatives aux obligations au porteur.

Même sous la forme nominative, ses coupons d'intérêts sont payables au porteur. Elle est transmissible par la simple voie de l'endossement, sans qu'il soit besoin d'aucune autre inscription sur les registres fonciers.

C'est donc un instrument de crédit des plus commodes, il réalise d'une façon absolue la mobilisation, non pas seulement du crédit foncier, mais du sol lui-même. Véritable valeur commerciale de circulation facile et rapide, la lettre foncière permet au propriétaire de se procurer, instantanément et sans frais, les fonds dont il a besoin. Son analogie avec la lettre hypothécaire est donc frappante. Il y a pourtant entre les deux des différences.

L'hypothèque accompagnant une créance est susceptible de toutes les exceptions tirées des vices de la créance.
Donc, le porteur de la lettre hypothécaire peut se voir
opposer ses exceptions, tandis que la dette foncière existant, abstraction faite de toute créance, le cessionnaire de
la lettre foncière n'a pas à les subir. Sa sécurité est plus
grande, et à l'échéance, il peut poursuivre l'exécution
forcée ou demander l'administration de l'immeuble par
séquestre. S'il a besoin de rentrer dans ses fonds avant
l'échéance, il lui suffit d'endosser la lettre au profit d'un
autre cessionnaire sans qu'il soit besoin ni d'inscription
nouvelle au livre foncier, ni de signification au propriétaire.

En second lieu, la lettre hypothécaire ne peut être cédée qu'avec la créance, et le titre de la créance doit être
annexé à la lettre hypothécaire par un lien cacheté et
scellé ; et le cessionnaire acquiert de cette façon tout à la
fois la créance et l'hypothèque, l'action personnelle et
l'action réelle. La créance, en effet, ne peut être cédée
sans l'hypothèque, ni l'hypothèque sans la créance. La
lettre foncière au contraire, n'étant l'accessoire d'aucun
droit personnel, passe de main en main par le simple
moyen de l'endossement ; et si elle est au porteur, elle
se transmet encore plus simplement par la tradition.

De même que le propriétaire peut se faire délivrer une
lettre hypothécaire sur son propre immeuble, de même
il peut se constituer à lui-même une dette foncière au

moyen d'une simple déclaration faite au juge foncier, et tant que la lettre hypothécaire reste entre les mains du propriétaire, l'hypothèque se comporte comme la dette foncière.

L'analogie entre la dette foncière et l'hypothèque est si étroite qu'elles peuvent être remplacées l'une par l'autre sans que les créanciers de rang égal ou inférieur puissent s'y opposer ; la dette foncière peut être convertie en hypothèque, et réciproquement l'hypothèque en dette foncière. Il suffit que ce changement soit mentionné sur la lettre hypothécaire ou sur la lettre foncière, à moins que le créancier ne demande un nouveau titre.

Le capital de la lettre foncière n'est exigible qu'après dénonciation préalable de la part du propriétaire ou du créancier, et le lieu de paiement est au siège du livre foncier, sauf convention contraire.

E. — *De la rente foncière.* — La rente foncière n'est qu'une variété de la dette foncière introduite dans le Code sur les pressantes instances des représentants de l'agriculture. Comme pour la dette foncière, le fonds seul en est tenu, abstraction faite de la personne du propriétaire ; seulement, tandis que la dette foncière tend au paicment d'un capital, la rente foncière a pour objet le paiement de prestations périodiques en argent. Le prix de rachat de la rente doit être fixé et inscrit au moment même de sa constitution.

La rente foncière est gouvernée par les mêmes règles que la dette foncière, sauf que le droit de rachat n'appartient qu'au propriétaire et après dénonciation préalable.

De même que la lettre foncière, la lettre de rente foncière se transmet par endossement et peut même être établie au porteur.

La dette foncière peut être convertie en rente foncière et réciproquement la rente foncière en dette foncière, même sans le consentement des ayants droit de rang égal ou inférieur.

F. — *De l'hypothèque de sûreté.* — Nous avons vu que l'hypothèque pouvait être constituée sans être accompagnée de la remise d'une lettre au propriétaire ou au créancier. Dans ce cas, l'exclusion de la lettre doit être formellement exprimée. Les parties se proposent alors bien moins de se procurer, au moyen de l'hypothèque, une valeur commerciale qu'une garantie destinée à assurer le paiement de l'obligation. Elle conserve son caractère primitif de gage, et prend le nom d'*hypothèque de sûreté* (Sicherunghypotheck).

Il y a des hypothèques qui ne peuvent exister que sous cette forme, celle du mineur et celle des administrations contre les comptables, ou celle qui garantit les sommes fournies par le bailleur de fonds en exécution d'une ouverture de crédit et dont le total ne peut être connu qu'à la fin des relations qui existent entre l'emprunteur et le capitaliste.

L'hypothèque de sûreté est inscrite sous ce qualificatif au registre foncier sur la simple déclaration faite au juge foncier.

Elle peut garantir toute espèce de créance constatée par un écrit, même les créances commerciales, comme celle qui résulte d'une lettre de change, et aussi celle qui résulte d'une obligation au porteur.

L'inscription au livre foncier n'est plus alors nécessaire pour constater la cession de la créance, qui passe de main en main par endossement et même par simple tradition.

Dans ce cas, le créancier détenteur du titre sera le plus souvent inconnu du propriétaire, aussi le Code a-t-il prescrit la nomination d'un mandataire chargé de représenter le créancier éventuel dans l'exercice de ses droits hypothécaires. C'est à ce mandataire que le propriétaire pourra faire sa dénonciation, de même que le mandataire pourra dénoncer au nom du créancier, donner mainlevée de l'hypothèque sur des parcelles détachées du fonds, etc.

L'hypothèque de sûreté peut servir à la garantie d'une créance indéterminée, on fixe alors le chiffre au montant le plus élevé de la créance.

SECTION VII. — **Des formes de la publicité en droit français et en droit allemand.**

Il nous reste, pour compléter ce rapide aperçu comparatif entre les deux Codes français et allemand, à parler des formes de la publicité.

Les procédés employés pour organiser la publicité des

transactions immobilières sont au nombre de deux et sont basées sur des principes absolument différents.

Le premier procédé est celui de la *publicité réelle*, c'est-à-dire par voie d'immatriculation sur un registre foncier de chaque fonds de terre, de façon que c'est l'immeuble même qui est le pivot de toutes les recherches relatives à la propriété. C'est le système allemand.

Le second procédé est celui de la *publicité personnelle*, il consiste à réunir sous le nom du propriétaire du fonds tous les actes translatifs ou modificatifs de la propriété foncière, qu'il s'agisse du même fonds ou de fonds différents. C'est le système français.

I. — SYSTÈME FRANÇAIS : *Publicité personnelle*. — Commençons par ce dernier. En France, les registres sont tenus par les conservateurs des hypothèques créés par la loi du 21 ventôse an VII dans chaque arrondissement. Ces fonctionnaires ont leur bureau au lieu où siège le tribunal civil. C'est là que sont centralisées toutes les opérations relatives à la publicité des actes concernant les immeubles situés dans l'arrondissement.

Les conservateurs des hypothèques sont de simples fonctionnaires appartenant à l'administration de l'enregistrement.

Leur compétence est territoriale ; si donc le débiteur possède des biens dans plusieurs arrondissements, le créancier doit prendre inscription dans plusieurs bureaux.

Les registres sont de deux sortes : registres de formalités affectés à la transcription et à l'inscription des actes ; — registres d'ordre, qui ne servent qu'à faciliter les recherches et le travail intérieur des bureaux.

Les transcriptions et inscriptions sont portées sur les registres chronologiquement, à la suite l'une de l'autre.

Un répertoire tenu par *noms de personnes*, sert à grouper sous le nom de chaque propriétaire foncier, toutes les transcriptions et inscriptions qui le concernent.

Chaque propriétaire a ainsi une sorte de compte individuel. Des tables alphabétiques des noms et un registre indicateur des noms patronymiques servent à guider le conservateur dans ses recherches.

Les inconvénients de ce système sont connus, ils ont fait l'objet de sévères critiques (1).

Celui qui a besoin d'être renseigné sur les transcriptions relatives à un immeuble déterminé, doit dénoncer dans la réquisition qu'il adresse au conservateur, tous les propriétaires successifs de l'immeuble, ou tout au moins lui indiquer une transcription dans laquelle ces noms sont mentionnés.

Ce sont ces noms qui servent de base à toutes les recherches et à la délivrance des états d'inscriptions ou de transcriptions. Il faut demander au conservateur s'il existe des transcriptions ou des inscriptions au nom de Primus, Secundus, Tertius, etc., propriétaires successifs de l'immeuble. Le conservateur délivre un état contenant

____

(1) Besson, *Les livres fonciers et la réforme hypothécaire.* Paris, 1891.

toutes les inscriptions et toutes les transcriptions existant aux noms indiqués ; s'il n'en existe aucune, il délivre un certificat le constatant.

Il faut donc connaître tous les propriétaires successifs
de l'immeuble, en remontant jusqu'à 30 ans en arrière,
pour être sûr de n'être pas inquiété par un acquéreur ou
un créancier inconnus. Qu'un seul nom soit omis ou mal
indiqué, et l'acquéreur est exposé aux surprises, puisque
ce propriétaire inconnu a pu aliéner l'immeuble à un tiers
qui a transcrit ou l'hypothéquer à un créancier qui a inscrit son hypothèque.

A ces inconvénients s'en ajoutent d'autres dont nous
avons déjà parlé. C'est que la publicité est incomplète ;
en sont affranchies les mutations par décès, les hypothèques légales du mineur et de la femme mariée ; quant à la
publicité des résolutions ou des annulations de titres,
son organisation, nous l'avons vu, est très rudimentaire.

D'autre part, il est bien inutile de transcrire intégralement des actes dont la plupart sont remplis de clauses
surabondantes, de dispositions verbeuses sans aucun intérêt pour les tiers ; le seul résultat de ce procédé, c'est
de rendre les recherches plus longues et plus difficiles.

Mais pour remédier à cet inconvénient, il faudrait que
le conservateur des hypothèques cessât de jouer le rôle
passif qui lui a été assigné par le législateur français,
et fût investi, comme en Allemagne, d'un certain pouvoir
de juridiction. Actuellement, la transcription et l'inscription sont de simples formalités civiles, et non des

actes de juridiction volontaire. Le conservateur des hypothèques se borne à copier tels quels les actes de transfert qui lui sont présentés, sans examiner ni discuter s'ils sont nuls ou valables.

De même pour l'inscription des hypothèques, il n'a qu'à copier littéralement le bordereau qui lui est remis par le créancier requérant. Si une des formalités requises est omise sur le bordereau, par exemple le nom du créancier, la désignation de l'immeuble, etc., le conservateur n'a pas à s'en occuper, le bordereau n'est pas son œuvre, il le copie tel quel.

Donc, ni la transcription, ni l'inscription ne sont l'œuvre personnelle du conservateur; qui ne peut rectifier les erreurs du requérant, ni combler les lacunes de la réquisition.

Les vices du régime hypothécaire français proviennent principalement de la publicité par noms de personnes.

« Quoi qu'il en soit, dit Besson (*op. cit.*, p. 169), des raisons et des circonstances qui ont pu faire prévaloir la publicité par noms de personnes, on ne peut disconvenir que les registres de nos conservations ne répondent, ni théoriquement, ni pratiquement aux exigences d'un bon régime de publicité.

« Disséminés dans une longue suite de volumes, sous les noms des propriétaires et des grevés, les renseignements fournis par les registres publics ne permettent de déterminer ni l'identité physique des immeubles, ni leur condition juridique. »

II. — Système allemand : *Publicité réelle.* — L'Allemagne a adopté le système de la publicité *réelle* au moyen de livres fonciers. La base du système est l'individualisation des immeubles, dont chacun est inscrit sur un feuillet spécial du registre.

Chaque feuillet contient d'abord la description exacte et précise de l'état matériel de l'immeuble, de sa nature physique, et ensuite l'énumération des droits et des charges dont il est grevé.

Ce système a son origine lointaine dans les anciens usages germaniques et dans la vieille formalité de la *Salung* ou déclaration faite devant le juge foncier.

L'usage des registres publics constatant les transports de propriété s'introduisit dès le XIII⁰ siècle, en Moravie et en Bohême ; ces registres étaient connus sous le nom de *Tabulæ terræ* ou *Landtafeln* ; ils étaient publics et leurs énonciations faisaient foi.

Mais dans la plus grande partie de l'Allemagne, le droit romain pénétra, au XV⁰ siècle, dans la pratique des tribunaux et y étouffa les traditions nationales.

La clandestinité des transmissions immobilières et des hypothèques remplaça l'antique solennité de la *Salung.*

Toutefois, les anciens usages persistèrent sur certains points de l'Allemagne, notamment dans les villes de la Hanse, et de là regagnèrent de proche en proche.

Le 28 septembre 1693, un édit de Frédéric Iᵉʳ organisa la publicité dans les principales villes prussiennes, Cologne et Berlin.

Les principes de cet édit furent étendus à tout le territoire, par l'ordonnance de Frédéric Guillaume 1er sur les hypothèques et le concours, le 4 février 1722. Cette ordonnance fut remplacée par la loi hypothécaire du 20 décembre 1783, de Frédéric II, et par le Code civil général prussien de 1794.

Le régime de publicité fondée par la loi hypothécaire de 1783 fut consacré et amélioré par la loi du 5 mai 1872, propre au royaume de Prusse, qui est la loi fondamentale du régime actuel, modifié et généralisé par le Code civil allemand (art. 1113 et suiv.).

Les principes généraux de publicité en vigueur en Allemagne peuvent se formuler dans les cinq propositions suivantes :

1° *La publicité* est pour ainsi dire *absolue* ; elle est nécessaire non seulement pour l'efficacité des droits à l'égard des tiers, mais aussi pour leur transmission entre les parties contractantes. Aucun droit réel n'est validé s'il n'est inscrit au registre foncier. Les exceptions sont extrêmement rares et sans danger pour les tiers ;

2° *La spécialité* des droits réels est la conséquence nécessaire de l'individualisation des immeubles inscrits sur chaque feuillet distinct du livre foncier ;

3° *La force probante* des registres publics. Les tiers de bonne foi qui ont acquis régulièrement des droits sur la foi du registre foncier, sont complètement protégés contre toute espèce d'action ou d'éviction ;

4° Le juge foncier est investi du pouvoir de contrôler

les déclarations qui lui sont faites et de vérifier l'authenticité et la régularité des actes préalablement à leur inscription sur le registre. C'est le principe de la *légalité*, corollaire en quelque sorte obligé des trois premiers.

Ces principes sont donc diamétralement opposés à ceux qui servent de base à la publicité du droit français.

III.— Ce qui caractérise le système allemand, c'est que les registres fonciers sont tenus par *parcelles*, et non pas comme en France par noms de personnes. Chaque feuillet du livre est consacré, non pas à un propriétaire, mais à *un fonds de terre*, à chaque corps de biens (Grundstuck), et tous les actes relatifs au même fonds sont mentionnés à la suite les uns des autres, par ordre de dates.

Il se divise en un titre et trois sections. Le titre contient la description matérielle de l'immeuble et détermine son identité physique.

La première section du feuillet fait connaître l'origine de la propriété et le nom du propriétaire ; la seconde, les charges permanentes de l'immeuble et les restrictions au droit du propriétaire ; la troisième, les hypothèques et les dettes foncières.

C'est une sorte de tableau synoptique donnant, à un moment quelconque, l'état civil de la propriété.

Cependant, dans les pays où la propriété est très divisée, le système de la publicité sur feuilles réelles (Realfolien) devient d'une application très difficile et très compliquée.

Aussi, les conservateurs des registres sont-ils autorisés à déroger à la publicité réelle, pour revenir au système français de la publicité personnelle lorsqu'ils jugent que celle-ci est commandée par le morcellement excessif de la propriété.

Ils ouvrent alors des comptes particuliers par noms de personnes (Personalfolien), en inscrivant en tête du feuillet le nom du propriétaire et à la suite tous les immeubles qui lui appartiennent, dans le ressort du bureau foncier, avec la mention des transferts et constitutions de droits réels dont ils peuvent être l'objet.

Le système de la publicité réelle suppose la concordance absolue et permanente entre les registres fonciers et le cadastre, car toute l'organisation des livres fonciers a pour base nécessaire le cadastre. Aussi la loi a-t-elle pris certaines mesures pour assurer cette concordance.

Elle ordonne que toute inscription de propriété faite au Grundbuch soit notifiée à l'administration du cadastre; de plus, chaque année, il se fait un échange de renseignements entre l'administration du cadastre et les juges fonciers ; la première envoie l'état des changements matériels subis par les immeubles situés dans le ressort du bureau ; et le juge foncier adresse de son côté, pendant le mois de janvier, l'état des mutations inscrites pendant l'année écoulée. Ce sont là de sages mesures, il en résulte que le cadastre et les livres fonciers se servent mutuellement de contrôle et que l'état de la propriété est exactement tenu à jour, excluant ainsi toute contestation sur les limites des fonds de terre.

IV. — Tels sont, en résumé, les traits distinctifs du régime hypothécaire de l'Allemagne : publicité absolue, spécialité des droits, force probante des registres, légalité, et enfin mobilisation du crédit par les lettres hypothécaires et les bons fonciers ; tous ces caractères ont donné à l'organisation foncière en Allemagne une réputation méritée auprès des jurisconsultes et des économistes.

Nous citerons, pour conclure, le jugement d'un auteur qui a consacré à la réforme hypothécaire en France, une étude remarquable à laquelle nous avons beaucoup emprunté :

« La première condition d'un bon régime de publicité est de fournir une base stable aux transactions concernant la propriété foncière, de garantir contre toute surprise, la bonne foi des tiers acquéreurs et prêteurs sur hypothèque. Or, à ce point de vue, l'organisation foncière de la Prusse ne laisse rien à désirer, puisque, désignant avec une infaillible certitude le véritable propriétaire de l'immeuble, elle permet, par là même, aux tiers de contracter en toute sécurité, sans avoir jamais à redouter le moindre mécompte.

Voilà, qu'on le veuille ou non, un résultat considérable, qui élève au premier rang des régimes de publicité modernes, l'œuvre du législateur prussien, et auquel ne sauraient atteindre, quelque perfectionnés qu'on les suppose, les procédés empiriques du droit français, si chers à certains praticiens (1). »

(1) Besson, *op. cit.*, p. 275.

Nous n'ajouterons qu'un mot. La substitution en France, du système de la publicité personnelle rencontre un obstacle insurmontable. C'est qu'elle nécessiterait la réfection entière du cadastre, qui n'est plus, depuis long-temps d'accord avec l'état de la propriété foncière, travail colossal qui coûterait plusieurs centaines de millions, tant pour son établissement que pour sa tenue au courant. Tous les gouvernements ont jusqu'ici reculé devant la dépense et devant l'énormité de la tâche.

Il est permis, au surplus, de se demander si le système de la publicité réelle serait bien compatible avec l'extrême morcellement de la propriété foncière en France et avec la fréquence et la rapidité de ses modifications.

N'oublions pas que, en Allemagne, ce sont là des causes qui ont fait fléchir le système de la publicité per-sonnelle.

N'en serait-il pas de même en France ? Sans doute, les vices du régime hypothécaire français appellent de sérieuses réformes, mais nous croyons qu'elles ne pour-ront être réalisées qu'en lui conservant, sous réserve de simplification, sa forme actuelle de publicité par noms de personnes.

CHAPITRE VIII

SECTION I. — Etablissement d'un régime matrimonial uniforme en Allemagne.

Jusqu'en 1900, une extrême diversité régnait en Alle-magne entre les régimes matrimoniaux des différents pays, diversité plus grande peut-être que celle qui exis-tait dans les anciennes coutumes françaises avant l'ap-parition du Code civil.

Nulle part plus qu'en cette matière, la nécessité d'une codification ne se faisait sentir avec plus d'intensité, mais aussi nulle part peut-être, la difficulté n'apparaissait plus épineuse, le problème plus ardu.

Le législateur allemand se trouvait en présence de deux solutions, de deux systèmes : le système de l'unification et le système que l'on peut appeler régional. Dans ce der-nier, il aurait organisé et reconnu plusieurs types de ré-gimes matrimoniaux correspondant aux principaux grou-pes de régimes en vigueur en Allemagne, et il aurait abandonné aux Etats particuliers le choix du régime qui devait être adopté dans tel ou tel district.

Cette solution, si elle eût donné satisfaction aux aspi-rations et aux tendances locales, eût laissé subsister l'inextricable confusion qui régnait dans cette matière. La simplification et partant l'unification, sont de l'essence de toute codification.

Aussi prit-on parti pour le premier système et on adopta, comme en France, un régime légal uniforme, en organisant à côté de lui un certain nombre d'autres régimes types, abandonnés au choix des époux, suivant le principe de la liberté des conventions matrimoniales.

SECTION II. — **Liberté des conventions matrimoniales.**

I. — En Allemagne comme en France, en effet, les époux sont les maîtres d'organiser comme il leur plaît leur régime matrimonial, soit qu'ils adoptent un de ceux qui sont prévus par le Code, soit qu'ils combinent entre elles les différentes clauses qui leur servent de base, sous réserve des restrictions prévues par le Code.

Ainsi, il leur est interdit de stipuler d'une façon générale un des régimes matrimoniaux en vigueur avant l'application du Code et non adoptés par lui, ce qui est le cas en Allemagne pour le régime dotal. Mais ils peuvent parfaitement indiquer dans leur contrat de mariage qu'ils adoptent telle ou telle clause constitutive de l'un des régimes matrimoniaux abolis. Par exemple, une dot peut être constituée à la femme avec clause d'inaliénabilité. C'est là une faculté que le Code français laisse également aux époux (art. 1390).

En outre, un allemand ne pourrait pas non plus stipuler par contrat de mariage un régime prévu par une législation étrangère et qui ne le serait pas par le Code, à moins que le mari ne soit domicilié dans le pays étranger dont il adopte la loi, au moment de la conclusion du contrat.

II. — Si le législateur allemand a consacré le principe de la liberté des conventions matrimoniales, plus largement peut-être que le Code français, il a en revanche renoncé au principe de l'*immutabilité* des dites conventions.

Pour protéger la femme contre les abus d'influence possibles du mari, et aussi pour la sécurité des tiers, le droit français a posé la règle de l'irrévocabilité des conventions matrimoniales pendant le mariage. Ces conventions ne peuvent être modifiées tant que dure le mariage, d'où il suit qu'elles doivent être rédigées avant la célébration du mariage.

Le législateur allemand n'a pas trouvé ces raisons péremptoires, et il a autorisé les époux à faire et à modifier leur contrat, pendant la durée même du mariage.

Dans les deux législations, le contrat de mariage est un contrat solennel, il doit être passé devant notaire, ou encore, en Allemagne, devant un juge.

SECTION III. — **De la publicité du contrat de mariage.**

I. — Les clauses matrimoniales intéressent souvent

les tiers qui peuvent contracter avec la femme, surtout si le régime adopté par les époux est le régime dotal, car alors la femme est frappée, relativement à sa dot, d'une incapacité d'aliéner qui peut préjudicier aux tiers, s'ils ne connaissent pas ou ne peuvent pas connaître la situation matrimoniale.

II. — En France, une loi du 10 juillet 1850 a prescrit une série de mesures propres à prévenir les fraudes et à protéger les tiers ; sa disposition principale consiste dans l'obligation imposée à l'officier de l'état civil, qui procède à la célébration du mariage, d'interpeller les futurs époux et les personnes qui autorisent le mariage, et de leur demander s'ils ont fait un contrat de mariage, la date de ce contrat, les nom et lieu de résidence du notaire qui l'a reçu, et de faire mention de la déclaration des époux dans l'acte même du mariage.

Les tiers qui veulent contracter avec la femme n'ont donc qu'à se faire représenter un extrait de son acte de mariage ; si cet acte ne porte aucune mention relative à l'existence d'un contrat de mariage, leur attention est mise en éveil car l'acte est incomplet ; si l'acte mentionne qu'il n'a été fait aucun contrat, ils sont suffisamment protégés, car, même au cas de fausse déclaration des époux au notaire, la femme, dit l'article 1391 du Code civil, « est réputée, à l'égard des tiers, capable de contracter dans les termes du droit commun, à moins que, dans l'acte qui contiendra son engagement, elle n'ait déclaré avoir fait un contrat de mariage ». S'il a été fait un contrat de mariage, les tiers n'ont qu'à en demander communication.

III. — En Allemagne, le système de publicité par registres spéciaux a trouvé là encore son application. Des registres matrimoniaux ont été créés pour recevoir les extraits des conventions matrimoniales, à l'instar des registres de commerce et des registres matrimoniaux de la ville de Brême et de l'Etat d'Oldenburg. Ces registres sont tenus par l'Amstgericht ou tribunal cantonal, et c'est sur le registre du tribunal dans le ressort duquel le mari est domicilié que les inscriptions doivent être faites.

Le mari change-t-il de domicile, nouvelle inscription doit être prise sur le registre du nouveau ressort.

Cette inscription sur les registres matrimoniaux n'a pas lieu d'office. Elle ne s'opère que sur la requête de l'un des époux ou de tous les deux conjointement, suivant les cas, et dans la mesure seulement de cette requête.

S'il s'agit de la restriction des droits de la femme dans l'administration du ménage, de l'opposition du mari à l'exercice par la femme d'une profession industrielle, le mari seul a le droit de requérir l'inscription.

L'inscription du contrat de mariage ou d'une décision judiciaire modifiant les droits matériels des époux, l'inscription nouvelle en cas de changement de domicile, ont lieu à la requête de l'un des époux.

Dans les autres cas, la requête doit émaner des deux époux conjointement et obligatoirement.

Les registres matrimoniaux sont publics et tout intéressé peut en prendre connaissance.

IV. — Le système allemand a pour lui d'être plus compréhensif dans son application que le système français. La publicité a lieu pour tout ce qui peut affecter la situation de fortune des époux. La loi française de 1850 n'a prévu, elle, que le seul cas de l'incapacité de la femme mariée sous le régime dotal ou sous tout autre régime affectant l'inaliénabilité de ses biens.

Mais le système allemand ne rend pas les services qu'il pourrait rendre, car il a le grave défaut d'être dépourvu de sanction.

Au point de vue de la forme de la publicité, le système français a l'immense avantage de ne créer aucun rouage ni aucun organe administratif nouveau, et d'opérer la publicité par l'accomplissement d'une formalité des plus simples et des mieux conçues. Il est d'ailleurs fort bien entré dans la pratique, et n'a soulevé aucune difficulté d'application, puisqu'on n'a pas encore enregistré d'arrêt qui ait eu à faire l'application de la loi de 1850.

SECTION IV. — **Le régime légal.**

I. — *De l'administration commune.*

I. — En France, au début du XIXe siècle, deux régimes principaux étaient répandus sur le territoire : celui de la communauté mobilière, d'origine coutumière, et le régime dotal, d'origine romaine. On n'ignore pas la lutte très vive qui s'engagea, lors de l'élaboration du

Code civil, entre les partisans de ces deux régimes, et qui se termina par le triomphe définitif de la communauté mobilière comme régime légal, le régime dotal ne figurant plus au Code que comme régime accessoire ne pouvant résulter que d'une stipulation expresse par contrat de mariage.

En Allemagne, là où le régime dotal était encore en vigueur, il avait subi avec le temps de telles transformations, dépouillant de plus en plus son caractère primitif, et s'éloignant de son origine romaine pour se rapprocher du système de l'administration commune avec lequel il présentait les plus grandes affinités, que ses trois millions d'adhérents pouvaient sans inconvénient se rallier à ce dernier régime, pratiqué par quatorze millions de sujets environ.

D'autre part, la communauté, même réduite aux acquêts, fut écartée.

C'est donc le régime de l'administration commune (Verwaltungs gemeinschaft) qui a prévalu en Allemagne comme régime légal.

Il mérite d'être étudié avec quelque attention, car il n'a d'analogue dans aucun autre pays.

II. — Comme la séparation de biens, il repose sur cette idée fondamentale que le mariage ne doit pas entraîner forcément une modification dans la propriété des biens qui appartiennent aux époux avant le mariage et que les revenus de ces biens doivent servir à supporter les charges du ménage.

Il y a toutefois entre les deux régimes cette différence essentielle que la séparation de biens laisse à chaque époux les bénéfices de ses revenus, tandis que dans le système allemand, toute l'administration de la fortune conjugale revient au mari comme chef de la famille, et tous les revenus ou bénéfices réalisés pendant le mariage appartiennent exclusivement et définitivement au mari sous la condition de supporter seul les charges du ménage. Il n'y a d'exception que pour les biens réservés de la femme.

Ce régime tient donc à la fois de la séparation de biens et du régime sans communauté.

III. — Il faut distinguer, parmi les biens de la femme, ce qu'on appelle les biens *apportés* (chegut) et les biens *réservés* (vorbchaltsgut),

On entend par *apports* les biens que la femme possède au jour du mariage, et ceux qu'elle acquiert pendant le mariage (art. 1363). C'est sur ces biens que s'exerce le droit exclusif d'administration et d'usufruit du mari.

Cependant tous les biens que la femme acquiert pendant le mariage ne sont pas considérés comme apports. Il y en a beaucoup qui rentrent dans la catégorie des biens *réservés*, dont la femme conserve l'administration et la jouissance (art. 1365 et 1367).

C'est ici que la loi allemande est originale. Elle a tenu le plus grand compte de l'évolution des idées en ce qui concerne les droits de la femme, et a résolu en sa faveur la question du droit aux profits de son travail.

En vertu de son droit d'administration et de jouissance sur les biens réservés, la femme conserve à ce dernier titre tous les gains dus à son travail ou à l'exercice soit d'une profession, soit d'une industrie.

Sont encore biens réservés, tous ceux qui adviennent à la femme par succession ou par disposition testamentaire, et les choses qui servent à son usage personnel, comme les vêtements, les bijoux et les instruments de travail.

Tous ces biens sont des biens réservés *en vertu de la loi*; et on voit que leur importance est déjà très grande.

Mais il peut y avoir en outre des *biens réservés conventionnels*. Tels seront ceux que la femme se sera réservés par son contrat de mariage, ceux qu'elle aura légalement acquis au lieu et place de ces derniers, et ceux qui lui auront été donnés entre vifs par un tiers avec stipulation qu'ils seraient réservés.

Les principaux éléments de ce régime matrimonial ont été empruntés au Code Saxon et au droit provincial de la Marche de Brandebourg.

IV. — Voyons maintenant quels sont les pouvoirs du mari et de la femme en considérant successivement les biens apportés et les biens réservés.

A. — *Biens apportés*. — Le mari peut s'emparer des apports, mais il n'a sur eux qu'un droit d'administration, et il doit y apporter les mêmes soins qu'il donne à ses propres affaires. La femme a de plus le droit de lui demander compte de sa gestion lorsqu'elle le désire, mais elle n'a pas le droit de se faire indemniser avant la dissolution du mariage à raison de la négligence du mari.

Elle ne peut s'obliger sur ses apports sans le consentement de son mari, à moins que son engagement n'ait effet contre lui indépendamment de tout consentement de sa part. Il en est de même du mari dont les créanciers ne peuvent poursuivre leur paiement sur les apports de la femme.

Ni le mari, ni la femme ne peuvent disposer seuls des biens apportés : leur mutuel concours est nécessaire pour leur aliénation.

Les effets d'une telle aliénation faite par la femme sans le consentement du mari sont à distinguer suivant que la femme a disposé d'un bien apporté par acte unilatéral ou par contrat. Dans le premier cas, l'acte de la femme est nul et sans effets. Le mari doit être saisi par un acte unilatéral relatif aux apports ; le mari et la femme doivent l'être conjointement, si cet acte est une obligation de la femme. Dans le second cas, c'est-à-dire si l'acte de disposition est un contrat, son effet dépendra de la ratification du mari. Suivant les principes généraux que nous avons exposés sur la ratification, celui qui a contracté avec la femme a le choix entre deux partis : il peut mettre le mari en demeure de ratifier ou de faire connaître sa décision relativement à l'acte passé par sa femme ; ou bien il peut rétracter son engagement tant que le mari n'a pas ratifié. Mais cette rétraction n'est possible que si le tiers a ignoré que la femme avec laquelle il traitait fût mariée ou que le mari avait refusé son consentement.

Le mari, nous venons de le voir, ne peut disposer des biens apportés sans le concours de sa femme, et ne peut s'obliger sur eux.

Il y a cependant des cas où l'aliénation des biens apportés est possible. Ce sera, par exemple, lorsqu'ils consisteront en argent ou en choses fongibles. Le mari est tenu, il est vrai, de placer l'argent faisant partie des apports comme s'il s'agissait de fonds pupillaires ; malgré cela, en principe, les choses fongibles sont à la disposition du mari qui peut les consommer à charge d'en rembourser la valeur.

Si la femme peut faire valoir une créance contre un créancier qui demande à être payé sur les apports, le mari peut opérer la compensation de ces deux créances. De même lorsque la femme s'est obligée à la prestation d'une chose comprise dans les apports, le mari peut exécuter cette obligation.

Si des biens apportés ont été aliénés, ou si les apports consistent en argent et que le mari emploie les fonds en provenant à l'acquisition de choses mobilières, ou notamment de valeurs nominatives au porteur, la femme en devient immédiatement et directement propriétaire, à moins d'intention contraire nettement manifestée par le mari. De même, les objets et ustensiles de ménage achetés pour remplacer ceux qui ont été apportés par la femme, appartiennent à celle-ci à titre d'apports.

Lorsqu'une créance ou un droit font partie des apports

de la femme, le mari peut les faire valoir judiciairement en son propre nom ; et le jugement qui l'autoriserait à disposer de ce droit sans le concours de sa femme aurait effet vis-à-vis de celle-ci.

Il convient d'observer que le mari n'est pas à la merci de la femme en ce qui concerne l'aliénation des apports. Il y a des actes de disposition qui sont nécessaires à une bonne administration. Lors donc que le mari a besoin du consentement de sa femme pour la conclusion d'un acte juridique nécessaire à la bonne administration de ses apports, et que la femme lui refuse sans motif ce consentement, le mari peut s'adresser au tribunal des tutelles et lui demander l'autorisation pour suppléer au consentement de sa femme. Il aurait le même droit si la femme se trouvait dans l'impossibilité de consentir pour cause d'absence ou de maladie.

Le mari a la jouissance exclusive de tous les biens apportés ; il en est usufruitier, et il supporte à ce titre toutes les charges de l'usufruit : dépenses conservatoires des biens apportés, acquittement des impôts, charges publiques et privées dont sont grevés ces mêmes biens, intérêts des dettes. Mais si les dépenses qu'il a dû faire pour la conservation ou l'utilité des biens apportés ne peuvent être considérées comme des charges de l'usufruit, il a le droit de se faire indemniser.

C'est encore à lui qu'incombe l'obligation de payer les frais de procès relatifs aux apports, et les frais d'une procédure pénale engagée contre la femme, sauf à se faire indemniser sur les biens réservés.

Le mari, gagnant tous les profits de l'association conjugale, les charges du ménage retomberont sur lui seul.

B. — *Biens réservés.* — En ce qui concerne les biens réservés, la femme en a seule l'administration et même la disposition. Elle est placée, quant à ces biens, dans une situation plus indépendante même que la femme française séparée de biens, qui reste toujours, quant à l'aliénation de ses biens, soumise à l'autorisation du mari.

La femme peut également s'obliger sur ses biens réservés, et les frais de procès relatifs à ces obligations sont supportés par ces mêmes biens. Lorsque la femme s'oblige par délit, elle en répond encore sur ses biens réservés, et cette responsabilité s'étend aux frais de poursuites dont elle est l'objet à l'occasion de ses délits.

Ce sont encore les biens réservés de la femme qui, par une disposition assez bizarre, répondent des frais de procès entre les deux époux, lorsque ces frais n'ont pas été mis expressément à la charge du mari.

Si la femme a la libre disposition des biens réservés, elle n'en est pas moins tenue de contribuer aux charges du ménage proportionnellement à l'insuffisance de ses apports.

V. — *Capacité de la femme mariée.* — Ce régime matrimonial participe de la séparation de biens, du régime sans communauté, et on y retrouve aussi, quoique très altérés, certains caractères du régime dotal.

On voit quelle large part il laisse à l'initiative et à l'indépendance de la femme, ce en quoi il est d'ailleurs en harmonie avec les dispositions du Code civil allemand sur la capacité de la femme mariée.

En droit français, la femme mariée ne peut faire aucun acte de la vie civile sans l'autorisation de son mari, sauf quelques rares exceptions. Le nouveau Code civil allemand l'affranchit de l'autorisation maritale, et lui attribue l'administration intérieure du ménage, sauf le droit du mari d'apporter dans l'exercice de ce droit les restrictions qu'il juge convenables. Il lui reconnaît le droit d'engager ses services personnels sans l'autorisation du mari, tout en reconnaissant à ce dernier la faculté de s'y opposer.

Enfin, le tribunal des tutelles peut intervenir sur la demande de la femme pour la protéger contre les abus d'autorité du mari.

La femme possède la capacité de contracter et d'ester en justice sans autorisation, à moins qu'il ne s'agisse d'un droit compris dans ses apports, auquel cas le concours de son mari est nécessaire.

Les biens acquis par la femme par succession ou legs lui étant *réservés* par la loi, elle peut accepter ou répudier une succession ou un legs sans le consentement de son mari.

Le libre exercice d'une profession industrielle donne encore à la femme le pouvoir de continuer un procès en cours sans l'autorisation de son mari.

En cas de maladie ou d'absence du mari, la femme peut encore se passer de son consentement.

Enfin, le refus d'autorisation du mari n'est pas sans appel ; et s'il n'est pas motivé, le tribunal des tutelles peut y suppléer.

VI. — *Cessation de l'administration du mari ou séparation de biens.* — Ce n'est pas tout, et la femme est encore armée par la loi pour la sauvegarde de ses intérêts pécuniaires en cas de mauvaise administration du mari.

Celui-ci a l'administration et l'usufruit des biens apportés par sa femme et il y a des cas fréquents où cette administration et cet usufruit impliquent pour le mari le droit d'aliéner. On peut donc craindre que la fortune de la femme ne se trouve compromise par la mauvaise gestion du mari. Aussi, lorsque la femme a lieu de redouter que ses apports ne soient gravement exposés, elle peut exiger une sûreté de son mari. Les valeurs dont se composent les apports sont alors consignées et converties au nom de la femme.

En outre, si les apports sont en péril, la femme peut demander la cessation de l'administration et de l'usufruit du mari, comme elle a le droit, en France, de demander la séparation de biens. Il en est de même lorsque le mari ne remplit pas son obligation d'entretenir sa femme et ses enfants, et lorsqu'il est mis en curatelle. Cette disposition est tout à fait remarquable et des plus heureuses.

Enfin les droits du mari cessent de plein droit, sans

qu'il soit nécessaire pour la femme de le demander en justice, lorsqu'il est déclaré en faillite ou déclaré décédé,

En droit français, lorsque la femme a introduit une demande en séparation de biens, les effets du jugement qui la prononce rétroagissent au jour de la demande, et ceci, pour éviter que la ruine du mari déjà commencée, ne soit consommée au jour du jugement.

Le Code allemand n'a pas reproduit cette disposition, et les droits d'administration et de jouissance ne cessent que le jour où le jugement a acquis force de chose jugée. Il n'exige pas non plus, comme le Code civil français, que le jugement soit exécuté dans la quinzaine à compter de sa date, à peine de nullité, mesure qui a pour but d'empêcher les séparations simulées et frauduleuses. Il y a là une lacune, mais sa gravité est singulièrement atténuée par la nature du régime légal d'administration commune et par l'obligation de transcrire la séparation de biens sur le registre des conventions matrimoniales.

Pas plus qu'en droit français, les créanciers de la femme ne peuvent demander la séparation de biens, car il s'agit là d'un droit exclusivement attaché à la personne et qui implique un certain élément moral auquel les créanciers sont étrangers. Mais les créanciers peuvent attaquer une liquidation faite en fraude de leurs droits, pendant un délai de deux ans (loi du 21 juillet 1879, art.3, 4°).

Dès que cesse son droit d'administration et d'usufruit, le mari doit rendre compte de sa gestion et restituer les apports de sa femme. Néanmoins, tant qu'il ne connaît pas la cessation de son droit, il continue d'administrer valablement, et il en est de même tant que les héritiers de la femme n'ont pas pourvu à l'administration de ses biens.

Si c'est une déclaration de faillite ou une déclaration de décès qui a enlevé de plein droit au mari ses droits d'administration et d'usufruitier, il y a dès lors, entre lui et sa femme, séparation de biens.

Le mari doit alors supporter les charges du ménage et la femme y contribue, excepté pourtant si le mari est interdit ou mis en curatelle ou s'il ne subvient pas à l'entretien de sa femme.

Mais lorsque la femme paie une dépense commune sur ses propres biens, ou si elle en abandonne une partie à son mari, elle est présumée le faire sans l'intention d'être indemnisée. De même si elle renonce à la séparation de biens pour laisser à son mari l'administration de ses biens, celui-ci peut en employer les revenus à son gré, sauf à supporter les frais de cette administration.

La séparation de biens est imposée par la loi aux époux, lorsque la femme qui contracte mariage n'a pas une capacité juridique entière et qu'elle n'a pas obtenu le consentement de son représentant légal.

En droit français, la communauté dissoute pouvait être rétablie du seul consentement des parties par acte passé devant notaires et publié dans la principale salle du tribunal de première instance, et les choses étaient rétablies dans le même état que si le régime légal n'avait pas été interrompu. Nous ne trouvons rien de semblable dans le Code allemand.

Le mari interdit ou pourvu d'un curateur, à qui l'administration de la jouissance des apports de la femme ont été enlevés, peut, lorsque l'interdiction et la curatelle prennent fin, introduire une demande en restitution de ses droits, et le jugement qui lui rendrait cette jouissance et cette administration aurait effet du jour où il aurait acquis force de chose jugée.

La séparation de biens et la reprise par le mari de ses droits sur les apports n'ont d'effet à l'égard des tiers qu'à partir du moment où ils sont transcrits sur les registres matrimoniaux.

II. — De la communauté mobilière.

1. — La communauté mobilière est le régime légal de la France. Il se caractérise par la division de la société conjugale en trois patrimoines : celui du mari, celui de la femme et celui de la communauté.

Cette dernière comprend toute la fortune mobilière, active ou passive, appartenant aux époux le jour du mariage, et des acquêts mobiliers ou immobiliers réalisés par eux pendant le mariage. Ne restent propres aux époux que les immeubles ou droits immobiliers qu'ils possèdent le jour du mariage.

Les droits du mari sur la communauté sont des plus étendus. Sans en être absolument, comme autrefois, seigneur et maître, ses droits de disposition ne sont restreints qu'en ce qui concerne l'aliénation à titre gratuit des immeubles et de l'universalité ou d'une quote-part du mobilier, et l'aliénation gratuite d'objets mobiliers avec réserve d'usufruit. Il peut aliéner, vendre et hypothéquer seul les biens de la communauté.

Quant à la femme commune, elle est soumise à une tutelle assez étroite. Sur la communauté, elle n'a qu'un droit éventuel ; quant à ses propres, elle ne peut les aliéner sans l'autorisation de son mari qui les administre. Elle ne peut s'obliger, même sur ses biens, sans le consentement de son mari ou le concours de ce dernier à l'acte. C'est la règle qui frappe d'une incapacité générale la femme mariée. La loi française est restée à cet égard fort en retard sur les idées et les mœurs de notre époque.

Cette incapacité de la femme mariée, qui ne se justifie que par l'idée de subordination de la femme au mari, subsiste même dans des cas où cette subordination n'a plus aucune raison d'être, par exemple si le mari est frappé d'une peine afflictive ou infamante, s'il est interdit ou absent. Dans tous ces cas, l'autorisation de justice remplace celle du mari. Mais en aucun cas, les actes faits par la femme, même avec l'autorisation de justice, n'engagent les biens de la communauté, si ce n'est lorsqu'elle contracte comme marchande publique et pour le fait de son commerce, ou lorsque son mari est en prison ou absent.

II. — Le Code civil allemand a admis le régime de

communauté mobilière, pour donner satisfaction aux populations des pays qui étaient régis par la loi française et dans les habitudes desquelles ce régime était passé. Certaines modifications y ont cependant été apportées dans le sens d'une extension des droits de la femme. Le droit de disposition du mari sur les biens communs a été restreint. Il ne peut disposer de la communauté à titre universel, ni aliéner un immeuble commun sans le concours de sa femme. Il ne peut faire que les donations qui sont l'exécution d'une obligation morale ou des convenances. Le consentement de la femme peut être suppléé par le tribunal des tutelles.

En outre, et contrairement au droit français, l'autorisation du mari n'est pas nécessaire à la femme pour accepter une succession, un legs ou une donation, ou pour y renoncer.

Les obligations résultant de délits ne s'exécutent que sur les biens personnels de l'époux dans la personne duquel sont nées ces obligations, tandis qu'en droit français les amendes encourues par le mari pouvaient encore s'exécuter sur les biens communs.

En France, la question a été agitée de savoir s'il était d'ailleurs permis de faire le remploi des propres ou rentes sur l'Etat ; dans le but de favoriser le crédit de ce dernier, l'affirmative a été décidée (lois du budget des 2 juillet 1862, art. 46 et 16 septembre 1871, art. 29). La loi allemande, qui s'est affranchie complètement des anciennes idées sur l'infériorité de la propriété mobilière (*mobilium vilis possessio*), admet formellement le remploi en meubles : tout ce qui est acquis avec des deniers provenant d'un bien propre est exclu de la communauté.

III.— *Dissolution de la communauté.*

Le Code civil allemand distingue entre la dissolution consécutive au divorce ou à la séparation de biens, et celle qui a lieu par suite du décès de l'un des époux.

A.— *Dissolution par divorce ou séparation de biens.* — Ce qu'il y a de remarquable, c'est que le droit de demander la séparation de biens appartient, non seulement à la femme, mais encore au mari. En droit français, la femme seule peut demander la séparation de biens ; on a jugé avec raison que les pouvoirs étendus conférés au mari ne lui donnaient aucun intérêt à la séparation de biens. Si pourtant le mari voulait arriver à la séparation de biens, il aurait un moyen bien simple : ce serait de demander la séparation de corps d'où suivrait comme conséquence la séparation de biens.

En Allemagne, le mari peut demander la séparation de biens lorsque son gain futur est gravement compromis par les obligations de la femme.

Quant à la femme, les causes de séparation sont analogues en droit français et en droit allemand.

En droit français, la faillite ou la déconfiture, les habitudes de dissipation du mari sont des causes suffisantes de séparation de biens, lorsque la dot ou l'avoir de la femme est mis en péril, et qu'il y a lieu de craindre que

les biens du mari ou de la communauté ne suffisent pas
à remplir les droits et reprises de la femme.

Le Code allemand admet la femme à demander la cessation de la communauté quand elle peut craindre d'être
exposée à un danger grave, à raison d'actes juridiques
passés sans son consentement, quand son mari a, dans le
but de lui nuire, diminué la valeur des biens communs ou
qu'il les a grevés de dettes exagérées, quand il est interdit pour prodigalité, ou enfin quand le mari ne remplit
pas son obligation d'entretenir sa femme et ses enfants.

Comme nous l'avons vu, le jugement de séparation
de biens ne produit effet, en Allemagne, que du jour où
il a acquis force de chose jugée. Cependant, l'époux
demandeur pourrait solliciter du tribunal une décision
faisant remonter les effets du jugement au jour de l'insinuation de la demande.

En droit français, les créanciers du mari peuvent se
pourvoir contre la séparation de biens prononcée et
même exécutée en fraude de leurs droits ; ils peuvent
même intervenir dans l'instance pour contester la demande. Il n'y a rien de semblable dans le Code allemand.

Enfin, comme nous l'avons vu, la séparation de biens
n'est opposable aux tiers que si les formalités de publicité sont remplies : en France, elles consistent dans l'af-
fichage sur un tableau spécial exposé dans la principale
salle du tribunal de première instance ; en Allemagne, la
séparation est transcrite sur les registres matrimoniaux.

La dissolution de la communauté est suivie d'une *li-quidation*.

On paie d'abord les dettes de la communauté ; puis on procède au règlement des reprises à exercer contre les époux par la communauté, et de celles qui peuvent appartenir aux époux contre cette dernière. Ce qui reste est partagé par moitié entre les époux, et chacun d'eux peut reprendre les objets spécialement destinés à son usage en tenant compte de leur valeur.

En droit français, la dissolution de la communauté ouvre à la femme un droit d'option : elle peut accepter la communauté, y renoncer ou l'accepter jusqu'à concurrence de l'émolument qu'elle en retire.

D'après le Code civil allemand, la femme peut aussi refuser de payer les dettes communes au delà de son émolument, mais il faut que, dans ce cas, elle abandonne sa part de communauté aux créanciers par voie d'exécution forcée. Le mari a le même droit que la femme, mais on n'en voit pas bien l'utilité, puisqu'il est tenu personnellement des dettes communes contractées par la femme, c'est là une disposition purement théorique.

En procédant à la liquidation de la communauté, un créancier a pu être oublié ; si la liquidation est terminée lorsque le créancier se présente, à qui va-t-il s'adresser ? S'il est créancier personnel de la femme, c'est à elle qu'il devra réclamer son paiement ; si sa créance est une créance commune ou personnelle contre le mari, c'est à ce dernier qu'il devra s'adresser.

En cas de divorce, les choses se passeront un peu différemment si un seul des époux est reconnu coupable. L'époux non coupable peut alors demander que chacun retire tout d'abord la valeur de ses apports, et si les biens communs ne suffisent pas à les indemniser, le déficit est pour moitié à la charge de chacun d'eux. La même solution a lieu lorsque la communauté se dissout pour cause de folie de l'un des époux, et c'est à l'époux atteint de démence qu'il appartient de la provoquer.

Quand un créancier a été omis lors de la liquidation, il faut s'adresser, non seulement à celui qui était personnellement obligé à la dette, mais encore à l'autre époux jusqu'à concurrence de ce qu'il a retiré des biens communs.

B. — *Continuation de la communauté lors du décès de l'un des époux.* — C'est ici que la loi allemande se sépare nettement du droit français. En principe, le décès de l'un des époux *n'entraîne pas la dissolution de la communauté.* Pour que la communauté soit dissoute, il faut une *renonciation formelle* de l'époux survivant, et cette renonciation à la continuation de la communauté doit être déclarée au greffe du tribunal des successions.

Suivant l'article 1441 du Code civil français, au contraire, la mort naturelle est la première des causes de dissolution de la communauté. Ce n'est qu'au cas d'absence de l'un des conjoints que l'autre peut opter pour la dissolution ou la continuation de la communauté.

En Allemagne, avant même la promulgation du nou-

veau Code civil, plusieurs Etats particuliers, tels que
Lübeck, le Schleswig-Holstein et la Westphalie (loi du
16 avril 1860) admettaient que la communauté se conti-
nuait après le décès de l'un des conjoints. Le législateur
allemand a pris des dispositions en harmonie avec ces
législations. Ainsi, le décès d'un époux n'entraîne pas
liquidation de la communauté. Elle continue d'exister
entre le conjoint survivant et les enfants ou descendants
communs qui viennent prendre la place de leur auteur
décédé.

Si c'est la femme qui survit, elle acquiert sur la communauté les droits de son mari décédé ; quant au mari
survivant, il conserve ses pouvoirs ; et la liquidation de
la communauté ne s'opère que postérieurement sur le pied
de l'actif existant au moment du partage. La situation
des enfants vis-à-vis de l'époux survivant est analogue à
celle de la femme vis-à-vis de son mari pendant la durée
du mariage.

La communauté se continue ainsi jusqu'au décès du
conjoint survivant, à moins qu'il ne convole en secondes
noces.

Il va de soi que cette communauté ne se compose que
des biens de l'ancienne communauté, des revenus des
biens personnels de chaque époux et des gains réalisés
par l'industrie ou la profession de l'époux survivant. Les
biens des enfants ou descendants communs ne tombent
pas dans la communauté.

Cette continuation de la communauté n'est obligatoire

que pour les héritiers du conjoint décédé, car le survivant peut, s'il le préfère, y renoncer. Nous avons dit que cette renonciation pour être valable, devait être déclarée au greffe du tribunal des successions. Elle ne comporte au surplus, aucune restriction, c'est-à-dire qu'elle ne peut être faite sous condition, ni s'appliquer à une partie seulement des biens de la communauté.

Mais elle peut parfaitement intervenir postérieurement à la communauté continuée, pour révoquer ou modifier cette continuation de communauté ; il faut alors un acte authentique ou un accord avec les héritiers.

La communauté continuée dure, sauf renonciation du survivant, jusqu'au décès de ce dernier ou jusqu'à son convol en de nouvelles noces. Si l'un des ayants droit vient à mourir, ses descendants viennent prendre sa place par représentation, sinon sa part accroît à ses frères et sœurs et, à leur défaut, au conjoint survivant.

Les ayants droit peuvent renoncer à leur part dans la communauté, et cette renonciation doit se faire par acte solennel devant le juge du tribunal des successions ou passé devant notaire. Les choses se passent alors comme en cas de décès.

Les ayants droit occupent, quant à la communauté et vis-à-vis du survivant, la place de l'époux décédé, réserve faite des droits de la femme, si c'est elle qui a survécu. Il suit de là qu'ils peuvent demander la séparation de biens tout comme l'aurait pu faire leur auteur ; et cette séparation produit effet dans les mêmes conditions que celle qui intervient entre époux, et à l'égard de tous les descendants, y compris ceux qui ne sont pas intervenus personnellement dans l'instance.

La communauté se dissout : 1° par la mort du conjoint survivant ; 2° par la déclaration de son décès ; 3° s'il se remarie. Dans ce dernier cas, le conjoint survivant doit faire connaître son projet de mariage au tribunal des tutelles ainsi que l'état de la communauté qui doit être liquidée.

La communauté se partage par moitié entre le survivant et les descendants ; mais, par un privilège particulier, le survivant contre qui n'a pas été dirigée une demande en séparation de biens peut s'emparer de tous les biens communs, sauf à tenir compte de leur valeur.

La moitié qui échoit aux descendants se partage entre eux proportionnellement à leurs parts dans la succession du conjoint prédécédé, leur auteur, comme si ce dernier était mort au jour de la liquidation.

La continuation de la communauté n'a pas lieu : 1° si elle a été exclue par le contrat de mariage ; 2° lorsqu'elle a été exclue par testament de l'époux prédécédé qui pouvait faire valoir une cause de divorce ou de séparation de biens et priver de ce chef son conjoint de sa réserve.

Chaque époux peut, par disposition de dernière volonté, et avec le consentement authentique de son conjoint ou par disposition mutuelle et réciproque : 1° réclamer la dissolution de la communauté, s'il se trouve dans les conditions ci-dessus ; — 2° exclure un descen-

dant de la communauté continuée. Cette exclusion équivaut à une exhérédation, et le descendant n'a droit qu'à
sa réserve qu'il prend sur les biens de la communauté ;
— 3° priver un descendant de sa part, pour la donner à
un tiers ; — 4° enfin, disposition remarquable, il peut at-
tribuer tout ou partie de la communauté à un des descendants, à charge par ce dernier de tenir compte de sa valeur à ses cohéritiers. Cette faculté, dont peut bénéfi-
cier également le conjoint survivant, est destinée à
avoir les plus heureux effets sur les exploitations agricoles si atteintes en France par le partage forcé.

Toutes ces dispositions du Code civil allemand sur
la continuation de la communauté sont beaucoup plus
en harmonie avec la réalité des faits que la dissolution
obligatoire du droit français. Elles assurent de plus aux
parents vis-à-vis de leurs enfants une indépendance salutaire et préviennent entre eux ces contestations dont le
spectacle est toujours affligeant, et parfois scandaleux.
La situation de l'époux survivant ne change en rien ses
rapports avec ses enfants, dont les droits sont d'ailleurs
suffisamment sauvegardés.

SECTION V. — **De la communauté réduite aux acquêts.**

Le Code civil allemand prévoit aussi l'adoption par
les époux du régime de communauté réduite aux acquêts,
et ses dispositions répondent assez bien à celles du droit
français. On ne relève que de légères différences en ce

qui concerne les droits du mari sur la communauté, et la distinction entre les dettes du mari antérieures ou postérieures à la célébration du mariage, et en général des différences dérivant des principes ci-dessus exposés pour la communauté mobilière et la communauté à titre universel.

Nous n'insisterons donc pas sur ce point.

CONCLUSION

Tel est, exposé dans ses grandes lignes, le parallèle entre les législations française et allemande sur les régimes matrimoniaux. Nous ne prendrons parti ni pour ni contre l'un ou l'autre système, car ils s'adaptent tous deux à des pays de mœurs différentes. Il est aujourd'hui presque universellement reconnu que le régime français de la communauté mobilière ne correspond plus aux idées contemporaines, ni à l'état économique de la société présente.

Toutefois, il est permis de se demander si, pratiquement, l'adoption comme régime légal d'un régime réservant aux époux les meubles qui leur appartiennent avant le mariage peut avoir quelque effet en dehors de l'hypothèse où ces meubles consistent en valeurs mobilières nominatives. Car un inventaire serait toujours nécessaire, et les époux qui seraient disposés à y procéder, recourraient tout aussi bien à la confection d'un contrat.

La note distinctive du Code civil allemand est qu'il

donne satisfaction à l'évolution féministe en accordant à la femme une indépendance que n'a pas encore conquise la femme française. Nous verrons encore que les droits successifs accordés à chaque époux sur la succession de son conjoint viennent heureusement corriger pour la femme le droit de jouissance exclusif de son mari sur ses apports. La législation du Consulat avait complètement sacrifié sous ce rapport les droits légitimes et naturels des époux ; cette injustice a été réparée par la loi du 9 mars 1891.

CHAPITRE IX

SECTION I. — Caractères généraux des systèmes successoraux français et allemand.

C'est ici la partie de la législation qui reflète le plus le caractère et les tendances politiques d'un peuple.

Le Code francais s'est inspiré des principes du droit romain et lui a emprunté son système de classes et de degrés.

Le législateur allemand a rompu brusquement avec ce système traditionnel qui s'était implanté en Allemagne avec les quatre grandes législations qui se partageaient son territoire. Le droit saxon, prussien français, et le droit commun avaient une législation successorale issue des principes du droit romain. Par un curieux phénomène d'atavisme, l'Allemagne est revenue subitement aux principes du vieux droit germanique, oubliés depuis plusieurs siècles, pour régler l'ordre des successions. Elle reprend le système de la succession par parentèles pour l'adapter à la société moderne. C'est là une révolution complète.

SECTION II. — **Capacité de succéder.**

I. — La capacité de succéder diffère peu en droit français et allemand. Il faut tout d'abord et nécessairement exister au moment de l'ouverture de la succession, et à cet égard, le droit allemand s'est approprié, comme le droit français, le vieil adage romain : *Infans conceptus pro jam nato habetur, quoties de commodis ejus agitur.* » Art. 1928, § 1. — Le droit français exige en outre que l'enfant soit né *viable*.

En Allemagne, les personnes juridiques et les congré-gations religieuses sont également capables de succéder lorsque l'autorisation de l'Etat n'est pas exigée (art. 86, 87 de la loi d'introduction).

II. — L'*indignité* est une cause d'exclusion de la suc-cession. Sont considérés comme indignes ceux qui se sont rendus coupables envers le défunt de certains actes déterminés par la loi.

D'après le droit français, il y a trois causes d'indi-gnité. Est indigne : 1° celui qui a été condamné pour avoir donné ou tenté de donner la mort au défunt ; — 2° celui qui a porté contre le défunt une dénonciation jugée calomnieuse et pouvant entraîner la peine de mort ; — 3° l'héritier majeur qui, instruit du meurtre du défunt, ne l'a pas dénoncé à la justice.

La loi allemande prononce plus facilement l'indignité d'un héritier. Elle n'exige plus que les actes imputés à ce dernier aient été sanctionnés par la justice et suivis de condamnation. Est considéré comme indigne : 1° celui qui a donné ou tenté de donner la mort au défunt ; — 2° celui qui a employé la violence ou des manœuvres frauduleuses pour empêcher le défunt de manifester ses dernières volontés ; — 3° celui qui s'est rendu coupable du crime de faux relativement au testament du défunt.

L'indignité n'est pas encourue de plein droit ; elle doit être prononcée par jugement. C'est une sorte de peine qui frappe l'héritier et l'exclut de la succession.

Les effets du jugement prononçant l'indignité remontent au jour de l'ouverture de la succession, et l'indigne doit restituer les biens héréditaires et tous les fruits qu'ils ont produits ; mais, bien entendu, on respecte les droits des tiers acquéreurs, l'indignité ne frappant que l'héritier à titre de peine. La succession est alors dévolue à l'héritier qui aurait été appelé si l'indigne n'eût pas existé.

L'action en indignité appartient à tous ceux qui ont un intérêt matériel à ce que l'indigne ne vienne pas à la succession.

SECTION III. — **Des divers ordres d'héritiers.**

I. — *Système français.*

Le système du Code civil français a été, sauf quelques modifications, calqué sur les *Novelles* 118 et 127 de Justinien.

Le droit français reconnaît quatre ordres d'héritiers :
1º les descendants ; 2º les père et mère conjointement
avec les frères et sœurs et descendants de ces derniers ;
3º les ascendants autres que les père et mère ; 4º les collatéraux autres que les frères et sœurs et descendants
d'eux.

Les héritiers sont appelés par ordre, et dans chaque
ordre la préférence est donnée à l'héritier le plus proche
en degré. Ainsi, l'aïeul exclut le bisaïeul, l'oncle exclut
le cousin germain.

C'est donc le système de succession des *Novelles* qui a
servi de type à celui qui a été adopté par le droit français.

II. — *Système allemand*.

Le Code civil allemand est revenu, avons-nous dit, au
système germanique de la *parentèle* (Sippezahl).

On sait que les lois Salique et Ripuaire avaient réglé
l'ordre des successions par parentèles. On entend par là
l'ensemble de la parenté, c'est-à-dire le groupe des parents qui descendent d'un auteur commun, y compris ce
dernier.

La loi salique (LXII, 1, 3, 4, 5) et la loi Ripuaire (LVI)
avaient classé hiérarchiquement les parentèles au point
de vue successoral.

La première parentèle comprenait le défunt et tous ses
descendants.

La seconde parentèle se composait des père et mère du
de cujus et de leurs descendants, c'est-à-dire des frères
et sœurs, neveux du *de cujus*.

La troisième était formée par l'aïeul et l'aïeule du défunt et par tous leurs descendants : oncles, tantes et cousins germains du défunt.

La quatrième par les bisaïeuls du défunt et leurs descendants : grands-oncles, grand'tantes, cousins issus de germains, etc.

Et ainsi de suite à l'infini.

Les parentèles étaient appelées dans cet ordre à la succession ; et dans chacune d'elles, le parent le plus proche de l'auteur commun primait tous les autres. Ainsi la succession était attribuée d'abord aux enfants du *de cujus* ou à leurs descendants : première parentèle ; puis à son père ou à sa mère, et à défaut de ceux-ci aux frères et sœurs, ou, s'il n'y en avait pas, aux neveux et arrière-neveux : deuxième parentèle. A défaut d'enfants, de père ou mère et descendants d'eux, l'hérédité passait aux bisaïeuls, et, en leur absence, aux oncles et tantes du défunt, appartenant à la troisième parentèle. Et ainsi de suite.

La représentation n'était pas admise au profit des enfants des successibles prédécédés ; ainsi le petit-fils orphelin se voyait préféré par son oncle, fils survivant du défunt.

La loi salique n'avait pas limité le droit de succéder ; il n'en était pas de même chez les Ripuaires, où il s'arrêtait à la cinquième parentèle exclusivement.

C'est ce système successoral qui, après plusieurs siècles d'interruption, a été remis en vigueur en Allemagne.

Il serait inexact cependant de soutenir que sa disparition avait été complète, car il réglait encore la dévolution des biens princiers ; et, dans les autres pays germaniques, le Code civil autrichien (art. 730 et suiv.) et celui du canton de Zurich (art. 1893 à 1938) l'ont également consacré. On ne peut donc pas dire que cette institution n'existait plus qu'à l'état de souvenir. C'est là un exemple frappant de la persistance à l'état latent de mœurs et coutumes nationales que l'on voit se réveiller tout à coup à un moment donné.

Le Code civil allemand reconnaît cinq parentèles qu'il appelle *ordres de succession*. A la différence de l'ancien droit germanique, il admet la représentation au profit des enfants de successibles prédécédés.

Le *premier ordre* comprend des descendants du *de cujus ;* et les petits-enfants viennent à la succession par représentation, en cas de prédécès de leur frère (art. 1924).

Les héritiers du *deuxième ordre* sont les père et mère du défunt et leurs descendants. Les premiers excluent les seconds et héritent chacun pour moitié.

Si l'un seulement des père et mère a survécu au défunt, il recueille la moitié de la succession et l'autre moitié est déférée aux descendants du prédécédé, à moins que ceux-ci ne fassent défaut, auquel cas le survivant recueille toute la succession (art. 1925).

Lorsque le père et la mère du *de cujus* sont tous deux décédés, l'hérédité se partage en deux unités : l'une est dévolue aux descendants du frère, l'autre à ceux de la mère. Cette division n'a guère d'intérêt que lorsqu'il s'agit de descendants consanguins ou utérins, puisque les germains comptent dans les deux lignes.

Le *troisième ordre* se compose des grands-parents du défunt et de leurs descendants ; des règles analogues aux deux premiers ordres s'appliquent ici. Les ascendants excluent leurs descendants et se partagent également la succession.

Lorsque, dans une branche, le grand-père ou la grand'-mère sont prédécédés, leurs descendants viennent à leur place par représentation, et si les descendants font défaut, la part du prédécédé accroît au survivant.

Lorsqu'il n'y a plus dans une branche ni aïeuls, ni descendants d'eux, les aïeuls de l'autre branche, et à leur défaut leurs descendants, recueillent la succession. Le partage entre collatéraux du même degré se fait par *souches* et non par têtes.

Au *quatrième ordre* appartiennent les bisaïeuls et leurs descendants. Les premiers, comme toujours, excluent les seconds. Ils succèdent par portions égales sans tenir compte de la ligne à laquelle ils appartiennent. Si les descendants héritent seuls, le descendant le plus proche en degré exclut les autres.

La division de la succession en deux lignes établie par le droit français n'existe donc plus dans ce quatrième ordre d'héritiers.

Enfin, le *cinquième ordre* comprend les aïeuls de degrés plus éloignés et leurs descendants. L'aïeul le plus rapproché en degré exclut les autres, et les parents du même degré viennent à la succession pour se la partager également. Le Code allemand n'a donc point restreint le droit de successibilité à un certain nombre de parents. Tous les parents, à quelque degré qu'ils soient, peuvent hériter, tandis que le droit français n'y admet que les parents jusqu'au douzième degré inclusivement.

SECTION IV. — **Des droits du conjoint survivant.**

I. — *Droit français.*

Le Code civil avait méconnu les rapports naturels d'intérêt et d'affection que fait naître le mariage entre les époux, et le conjoint survivant n'était appelé à recueillir la succession de son époux prédécédé qu'à défaut de parents au degré successible (ancien art. 767), si bien qu'un cousin au douzième degré, parfois complètement inconnu du défunt, pouvait se présenter et évincer le conjoint survivant qui avait vécu de nombreuses années avec le défunt dans l'intimité la plus étroite et dans une absolue communauté d'intérêts.

Cette criante injustice n'a été réparée que par la loi du 9 mars 1891, qui est venue accorder au conjoint survivant, sur les biens de son époux prédécédé, un droit d'usufruit dont l'étendue varie avec la qualité des héritiers en présence, et qui, dans tous les cas, ne dure qu'autant que l'époux survivant ne se remarie pas. Les héritiers du sang ne sont pas définitivement dépouillés, puisqu'ils exercent leurs droits à la mort du survivant ou lorsqu'il se remarie.

II. — Droit allemand.

Le législateur allemand a été plus hardi. S'inspirant de considérations morales et tenant un plus grand compte de la réalité des choses, il reconnaît au conjoint survivant un véritable droit d'hérédité, dont l'étendue est déterminée de la façon suivante :

1° Il recueille toute la succession à l'exclusion de tous les autres parents du quatrième et du cinquième ordre, et, dans le troisième ordre, il exclut les descendants des grands-parents. Il faut donc que le conjoint prédécédé ne laisse ni de parents du premier ou du second ordre, ni de grands-parents du troisième ordre ;

2° S'il y a des parents du premier ordre, le conjoint survivant vient en concours avec eux et a droit au quart de la succession ;

3° Si le défunt a laissé des héritiers du deuxième ordre ou des grands-parents, l'époux survivant est appelé à la moitié de la succession.

Cette vocation héréditaire du conjoint survivant ne fait pas obstacle à l'exercice de droits successifs qui sont attachés à la qualité de parent du défunt, et si le conjoint survivant était parent de son époux défunt au degré successible, il cumulerait deux parts de la succession : celle qui lui reviendrait à titre de parent et celle qui lui appartient en sa qualité de conjoint.

Indépendamment de sa part héréditaire, le conjoint survivant peut, en outre, revendiquer le préciput (*das Vorans*), c'est-à-dire les objets qui composent le train de maison, à moins qu'ils ne soient les accessoires d'un bien-fonds, et les cadeaux de noces. Ce préciput ne s'exerce que s'il n'existe pas d'héritiers du premier ordre.

Le conjoint survivant est déchu de ses droits lorsque le défunt avait intenté contre lui une action en divorce fondée sur une cause légitime.

Ces droits attribués au conjoint survivant viennent corriger heureusement pour la femme le droit de jouissance exclusif du mari sur ses apports.

SECTION V. — **Transmission de la succession.**

I. — *Saisine.*

La transmission de l'hérédité est immédiate, et elle s'opère de plein droit. Il n'y a plus aujourd'hui, comme en droit romain, d'interruption de la propriété : l'hérédité jacente est inconnue du droit moderne. C'est le système de l'ancien droit germanique dont l'adage « *Der Todte erbt den Lebendigen* » se retrouve dans le brocard du vieux droit coutumier : « Le mort saisit le vif ».

Cette règle est vraie d'une façon absolue, bien que le droit français ne semble l'admettre que pour les héritiers et non pour les successeurs irréguliers, comme le conjoint survivant et l'Etat ; mais ce n'est là qu'une différence de forme ne touchant pas au fond du droit.

Le Code civil français distingue, en effet, au point de vue du mode d'acquisition de l'hérédité, entre les héritiers et les successeurs irréguliers. Les premiers ont la *saisine*, c'est-à-dire qu'ils sont investis de plein droit et immédiatement de la possession des biens du défunt, mobiliers ou immobiliers, sans avoir à remplir aucune formalité.

Ils peuvent donc se mettre à la tête de l'administration de la succession, percevoir les fruits et revenus des biens qui la composent, exercer les actions de toute nature qui appartenaient au défunt, et défendre à toutes celles qui pouvaient être dirigées contre lui. Les seconds, quoique propriétaires des biens de la succession dès le jour du décès, doivent demander à la justice l'*envoi en possession* pour pouvoir exercer leurs droits.

Il n'y a plus aujourd'hui que le conjoint survivant, l'Etat, et peut-être aussi les frères et sœurs de l'enfant naturel qui se trouvent compris dans cette dernière catégorie. Les héritiers légitimes, et, depuis la loi du 25 mars 1896, les héritiers naturels, c'est-à-dire les enfants naturels et les père et mère naturels, sont pourvus de la saisine. Cette classe est de beaucoup la plus nombreuse ; aussi peut-on dire que la saisine est la règle, et l'envoi en possession l'exception.

La loi allemande ne fait plus aucune distinction entre les héritiers. Quiconque est appelé à une succession, soit en vertu de la loi, soit par testament, a de plein droit la saisine (art. 1922) ; et il acquiert l'hérédité au moment même de son ouverture, sans qu'il soit besoin d'envoi en possession ou de toute autre formalité.

Nous ne nous étendrons pas davantage sur la nature et les effets de la saisine, qui sont suffisamment connus et qui sont les mêmes en droit français et en droit allemand.

II. — *Droit d'option accordé à l'héritier.*

Le droit français donne à l'héritier le choix entre trois partis différents ; il peut :

1º Accepter purement et simplement, ce qui a lieu lorsque l'héritier n'a aucun doute sur la solvabilité de la succession ;

2º Accepter sous bénéfice d'inventaire, ce qu'il fera s'il redoute que le passif soit supérieur à l'actif ; il se garantira ainsi contre l'action des créanciers du défunt sans perdre l'espoir de recueillir le reliquat de l'actif, s'il en existe.

3º Renoncer, si la succession est mauvaise.

Le Code civil allemand n'a pas admis l'acceptation sous bénéfice d'inventaire, d'origine romaine, et qui n'avait pas pénétré sans difficulté dans le droit coutumier français. Il a eu recours à d'autres moyens pour protéger les héritiers lorsqu'ils sont en présence de successions obérées. En réalité, son acceptation pure et simple se rapproche beaucoup par ses effets de l'acceptation bénéficiaire.

En Allemagne, l'héritier ne peut donc opter qu'entre

l'acceptation pure et simple et la renonciation. Pour permettre à l'héritier de réfléchir avant de prendre parti, le droit français lui accorde un délai de trois mois pour faire inventaire et se renseigner sur l'état de la succession et un autre délai de quarante jours pour délibérer, ce dernier ne commençant à courir qu'à l'expiration du premier, ou du jour où l'inventaire est terminé, si c'est avant l'expiration des trois mois. Ces délais sont d'ailleurs susceptibles d'être prolongés par le juge en cas de nécessité, sur la demande de l'héritier. Tant que les délais ne sont pas expirés, l'héritier ne peut être forcé de prendre parti, et il a une *exception dilatoire* pour repousser les créanciers.

D'après le Code civil allemand, l'héritier doit prendre parti dans un délai de six semaines qui court du jour où il a eu connaissance de l'ouverture de la succession et de sa qualité de successible ; passé ce délai, il est déchu de la faculté de renoncer. S'il est institué en vertu d'un testament, le délai ne peut courir que du jour de l'ouverture du testament.

Le délai est de six mois, si le *de cujus* est mort à l'étranger ou si l'héritier est lui-même domicilié à l'étranger.

L'expiration du délai d'option sans que l'héritier ait renoncé emporte de plein droit acceptation définitive de sa part.

Le droit allemand se montre donc beaucoup plus rigoureux pour l'héritier que le Code civil français. Le délai accordé est un délai unique et il est beaucoup plus court. De plus, même après l'expiration des délais, l'héritier du droit français n'est pas déchu du droit de choisir entre les trois partis que lui ouvre la loi, mais il peut être poursuivi par les créanciers qui le contraindront à se prononcer. Au contraire, l'héritier du droit allemand qui n'a pas répudié la succession dans le délai à lui imparti est définitivement considéré comme acceptant.

Cette rigueur est cependant moins grande en fait qu'en apparence, si l'on tient compte des effets moins absolus de l'acceptation pure et simple en droit allemand qu'en droit français.

L'option à exercer par l'héritier présente des caractères importants : 1° Elle est nécessairement pure et simple et ne comporte aucune modalité, ni terme, ni condition ; 2° elle est totale ; une acceptation ne peut intervenir pour partie ; 3° elle est irrévocable, au moins en ce qui concerne l'acceptation, le renonçant pouvant encore pendant trente ans accepter sous certaines conditions et sous certaines réserves.

L'acceptation pure et simple est définitive, elle consolide sur la tête du successible la qualité d'héritier qui lui appartient, et lui enlève la faculté de renoncer ; car la qualité héréditaire est attribuée par la loi et ne peut disparaître que par l'effet d'une renonciation formelle ; l'acceptation n'est donc pas attributive de la qualité d'héritier, elle la rend seulement irrévocable.

L'acceptation est *expresse* ou *tacite*, suivant que le suc·

cessible manifeste expressément et ouvertement sa volonté d'accepter ou sa qualité d'héritier dans un acte écrit, soit qu'il affirme son intention d'accepter par un acte qui suppose nécessairement chez lui la qualité d'héritier.

Quant à la renonciation, elle est nécessairement *expresse*, et se fait par une déclaration inscrite au greffe du tribunal compétent. Par la renonciation, l'héritier devient étranger à la succession qui est censée ne lui avoir jamais appartenu, et la renonciation profite aux autres successibles, cohéritiers du renonçant ou héritiers du degré subséquent.

Nullités. — L'option de l'héritier peut être frappée de nullité absolue ou d'une nullité relative. Cette dernière hypothèse se produit en cas d'incapacité de l'héritier ou d'un vice du consentement. Par exemple, s'il s'agit d'un mineur, l'option sera exercée par le tuteur avec l'autorisation, soit du conseil de famille (droit français, en observant que l'acceptation a lieu obligatoirement sous bénéfice d'inventaire), soit du tribunal des tutelles (droit allemand). En Allemagne, la femme mariée peut exercer son droit d'option sans l'autorisation de son mari.

Les vices du consentement qui entraînent la rescision de l'option exercée par l'héritier sont le *dol*, de quelque personne qu'il émane, et la *violence*. La *lésion* n'entraîne la nullité que de l'acceptation et non de la renonciation. Quant à l'*erreur*, elle n'est pas ici une cause de nullité.

L'action en rescision se prescrit en droit français par trente ans ; cependant, quelques auteurs soutiennent que le délai de prescription est de dix ans, comme en matière de convention. Le Code allemand décide que cette action se prescrit par six semaines, à partir du jour où l'héritier a eu connaissance de la cause de nullité, ou en cas de violence, du jour où elle a cessé.

Le droit français permet à l'héritier renonçant de revenir sur sa renonciation et d'accepter la succession, réserve faite des droits acquis à des tiers sur la foi de la renonciation, et tant que la succession n'a pas encore été acceptée par les héritiers subséquents.

Le Code civil allemand a été guidé dans toute cette matière par le souci d'arriver à une solution rapide et de ne pas laisser longtemps les droits incertains.

SECTION VI. — Obligations de l'héritier aux dettes et charges de la succession.

I. — Des effets de l'acceptation pure et simple en droit français et en droit allemand.

Qu'entend-on d'abord par les mots : dettes et charge s

Les *dettes* sont les obligations qui ont pris naissance dans la personne du défunt et qui grevaient son patrimoine lors de son décès ; elles forment la plus grosse part du passif.

Les *charges* sont les obligations qui naissent du fait de l'ouverture de la succession, sans que le *de cujus* en ait été personnellement tenu. Ce sont par exemple, les *legs* qui sont dus, non par le défunt, mais par ses héritiers ; les frais funéraires et les frais d'inventaire ou de liquidation.

La loi allemande a ajouté ici aux obligations de l'héritier : outre les charges ci-dessus indiquées, et qu'il doit acquitter, il est encore tenu de nourrir et loger pendant un mois les personnes de la famille du défunt qui demeuraient avec ce dernier. Heureuse innovation, qui a pour effet d'éviter aux personnes de la maison du défunt un changement trop brusque dans leur situation et de leur ménager la transition vers leur condition nouvelle.

En droit français, les héritiers légitimes, y compris depuis 1896 les enfants naturels et les père et mère naturels, sont tenus indéfiniment des dettes, même *ultra vires hereditatis*. Quant aux successeurs irréguliers, la question est controversée.

Le droit allemand ne connaît pas pour l'héritier, sinon exceptionnellement et dans des cas limités (voy. *infrà*), cette obligation illimitée aux dettes de la succession. L'héritier qui a accepté la succession n'est pas tenu des dettes *ultra vires successionis*. Il n'y est obligé que dans la mesure de l'émolument qu'il en retire. On comprend maintenant pourquoi le Code civil allemand n'a pas admis l'institution romaine de l'acceptation sous bénéfice d'inventaire : elle était inutile.

II. — *De l'acceptation sous bénéfice d'inventaire.*

En France, l'héritier qui vient se soustraire à l'obligation illimitée de payer toutes les dettes de la succession a la ressource de l'acceptation bénéficiaire par laquelle il empêche la confusion de son patrimoine avec celui du défunt et limite son obligation aux dettes et charges de la succession à l'actif qu'elle comprend, ou plus exactement restreint le droit de poursuite des créanciers aux biens héréditaires.

L'acceptation bénéficiaire est nécessairement *expresse* et exige : 1° une déclaration de l'héritier au greffe du tribunal de première instance, inscrite sur le registre des renonciations ; — 2° la confection d'un inventaire dressé par un notaire et qui doit être fidèle et exact, c'est-à-dire sans omission volontaire ou fortuite.

Moyennant l'accomplissement de ces formalités, l'héritier peut se décharger de l'administration des biens de la succession et de la responsabilité qui en découle en faisant abandon de ces biens aux créanciers et aux légataires, sans que cet abandon implique de sa part renonciation à la succession. L'héritier bénéficiaire est propriétaire des biens de la succession, mais il en est en même temps administrateur et doit rendre compte de son administration aux créanciers et aux légataires. Il répond des fautes graves qu'il pourrait commettre dans son administration ; il doit donner caution pour la valeur du mobilier, et aussi, lorsque les intéressés l'exigent, pour les sommes d'argent qu'il détient ; si la caution ne peut être fournie, ces sommes sont déposées à la Caisse des dépôts et consignations.

Il ne peut procéder à la vente des biens de la succession que dans les formes établies par le Code de procédure, c'est-à-dire aux enchères publiques.

Les créanciers hypothécaires sont payés à la suite d'une procédure d'ordre, suivant le rang de dates de leurs hypothèques, les plus anciens passant avant les plus récents (art. 991 C. proc.). Quant aux créanciers chirographaires et aux légataires, ils sont payés au fur et à mesure qu'ils se présentent. C'est le prix de la course. Toutefois, si des créanciers ont fait opposition, la répartition de l'actif se fait suivant la procédure de contribution, c'est-à-dire proportionnellement entre tous les créanciers qui se sont présentés après avoir été appelés.

III. — *Du principe de l'unité ou de la pluralité des patrimoines et de son influence sur les effets de l'acceptation.*

Si le droit français exige l'accomplissement des formalités de la déclaration au greffe et de l'inventaire, pour que le patrimoine du défunt ne se confonde pas avec celui de l'héritier, c'est parce que ce résultat constitue une exception aux règles fondamentales qui régissent le patrimoine. En principe, un même individu ne peut avoir qu'un patrimoine, et ce patrimoine est indivisible ; il forme le gage commun de tous ses créanciers, sans distinguer entre les éléments dont il se compose (art. 2092 C. civ.). Que si l'on veut en distraire quelques-uns de ces éléments pour les affecter spécialement à une catégorie de créanciers, des formalités spéciales sont nécessaires et seulement lorsque la loi le permet.

En Allemagne, il en est autrement. Le principe de l'unité du patrimoine n'y est pas absolu. Un commerçant, par exemple, a deux patrimoines : son fonds de commerce, et ses biens qui sont en dehors de son commerce. Ceux qui font partie de son fonds de commerce sont affectés par préférence à ses créanciers commerciaux, qui n'ont eux-mêmes de droit sur les autres biens du commerçant qu'après les autres créanciers. Un fonds de commerce se cède, se transmet activement et passivement. Ici, il en est de même. Une hérédité forme un patrimoine distinct entre les mains de l'héritier. Ce patrimoine se compose d'un actif et d'un passif propres. L'héritier n'a donc rien à faire pour soustraire ses biens personnels à l'action des créanciers héréditaires. Ce résultat se produit par la seule force des principes généraux. L'héritier se trouve à la tête de deux patrimoines séparés : le patrimoine du défunt et son patrimoine propre. Dès lors, les créanciers du défunt auront pour gage le patrimoine du *de cujus*, c'est-à-dire la succession et les créanciers personnels de l'héritier, le patrimoine de ce dernier.

IV. — *Du curateur à la succession en droit allemand.*

Dans la pratique pourtant, les biens de la succession pourraient se trouver confondus avec ceux de l'héritier. Pour empêcher ce résultat et maintenir la séparation effective des patrimoines, la loi a permis que la succession fût administrée par un tiers nommé à cet effet par le tribunal. Cette nomination est faite suivant les cas, à la requête de l'héritier ou des créanciers. Elle le sera à la requête de l'héritier si ce dernier est solvable et que la succession soit altérée; elle le sera à la requête des créanciers dans l'hypothèse inverse, c'est-à-dire si la succession est bonne et que l'héritier soit insolvable. Dans les deux cas, l'héritier se trouve dessaisi de l'administration de la succession.

Cette nomination d'un administrateur à la succession est un acte de prudence de la part de l'héritier lorsque la succession est grevée, parce que sa gestion entraîne pour lui une responsabilité qui peut l'exposer à des dommages-intérêts, tandis que la remise de la succession aux mains d'un curateur le décharge de toute responsabilité.

La gestion de l'administrateur finit lorsque toutes les dettes et charges de la succession ont été acquittées. Si la succession est insolvable, c'est-à-dire si le passif surpasse l'actif, elle est déclarée en faillite et la gestion du curateur prend fin. La succession est alors remise à un syndic.

V. — Cas dans lesquels l'héritier pur et simple est tenu « ultra vires successionis », en droit allemand.

L'héritier pur et simple du droit allemand est donc dans une situation analogue à celle de l'héritier bénéficiaire du droit français.

Toutefois, et exceptionnellement, il peut être tenu ultra vires, des dettes de la succession, dans trois cas :

1º S'il ne fait pas inventaire lorsqu'il en est requis par le tribunal sur la demande d'un créancier.

Nous allons voir en effet que si l'héritier n'est pas obligé, en principe, de procéder à un inventaire, il peut y être contraint par une décision judiciaire ;

2º Si l'inventaire qu'il a fait est frauduleux ;

3º S'il refuse de prêter le serment d'inventaire exigé, ou s'il fait défaut.

VI. — *De l'inventaire.*

L'inventaire n'est pas obligatoire pour l'héritier, sauf s'il intervient, à la requête d'un créancier, une décision judiciaire qui le prescrive. Mais il est toujours obligatoire pour l'administrateur judiciaire d'une succession.

L'inventaire doit être fait dans le délai fixé par le tribunal, délai qui ne peut être inférieur à un mois, ni supérieur à trois mois. Le délai primitif peut toutefois être prolongé.

Il doit être dressé par un notaire ou un juge commis à cet effet, sur les renseignements que l'héritier est tenu de leur fournir, et ce dernier est obligé de prêter serment qu'il est exact. L'inventaire une fois clos est déposé au greffe du tribunal.

Dressé dans ces conditions et dans les délais prescrits, l'inventaire est garanti d'une présomption d'exactitude, et jusqu'à preuve contraire on admet qu'il n'existait, au moment de l'ouverture de la succession, d'autres biens que ceux qui sont constatés à l'inventaire.

La sanction des prescriptions édictées en vue de garantir l'exactitude de l'inventaire consiste en ce que l'héritier qui ne s'y conforme pas perd le bénéfice de la séparation des patrimoines et devient obligé *ultra vires* aux dettes et charges de la succession, ce qui arrive notamment lorsqu'il refuse de prêter le serment ci-dessus, lorsqu'il laisse sciemment faire un inventaire frauduleux, ou lorsqu'il ne fait pas inventaire dans le délai prescrit.

SECTION VII.— **Relations des héritiers entre eux.**

I. — *Droit français.*

1. *De l'indivision.* — Quand plusieurs héritiers sont appelés à une même succession, deux effets se produisent en droit français :

1° Les créances et les dettes se partagent de plein droit entre les héritiers ;

2° Les biens en nature sont indivis ; et dans les biens en nature, on fait rentrer non seulement les meubles corporels et les biens immobiliers, qui donnent lieu à un droit de propriété, de servitude ou d'usufruit, mais encore les valeurs de Bourse comme les titres nominatifs ou au porteur. Sur l'ensemble de ces biens, les héritiers acquièrent un droit proportionnel de propriété, ils ont une part dans chaque bien et ne sont pas chacun propriétaire de tel ou tel bien.

L'état d'indivision prend fin par le partage.

La loi française est défavorable à l'indivision, dans laquelle elle voit un obstacle à l'amélioration et à la libre circulation des biens, et une cause de dissentiment et de procès entre les copropriétaires.

Aussi pose-t-elle en règle absolue que nul n'est tenu de rester dans l'indivision, et que le partage peut toujours être provoqué par un des cohéritiers. C'est là un principe d'ordre public auquel ne peuvent déroger ni convention, ni prohibition contraire. Par cela seul qu'un des cohéritiers demande le partage, les autres sont tenus de le subir.

Néanmoins, le partage peut être retardé lorsqu'il y a avantage, par exemple pour éviter les formes judiciaires lorsqu'il y a des mineurs au nombre des cohéritiers, mais la convention qui prolonge ainsi l'indivision ne peut être obligatoire au delà de cinq ans.

II. *De l'action en partage.* — L'action en partage appartient à chacun des cohéritiers ou successeurs à titre universel du défunt, à condition qu'il soit capable, sinon elle appartient à ses représentants sous les conditions fixées par la loi. C'est ainsi que le tuteur du mineur ou de l'interdit ne peut provoquer le partage qu'avec l'autorisation du conseil de famille,

En cas de succession échue à une femme mariée, le droit de demander le partage appartient tantôt à la femme et tantôt au mari, suivant la nature de leurs conventions matrimoniales. S'il y a communauté légale, le mari a le droit, en sa qualité de chef de la communauté, de procéder seul au partage des successions mobilières échues à sa femme. Mais la femme seule peut partager les immeubles qui dépendraient d'une succession à elle échue, et il en serait de même pour les meubles recueillis par succession, au cas où les époux seraient mariés sous le régime de la communauté réduite aux acquêts. Cependant, comme le mari a la jouissance des revenus, il peut demander un partage provisionnel ou partage de jouissance, même pour les biens qui restent propres à la femme.

L'action en partage doit être portée devant le tribunal du lieu où la succession s'est ouverte.

III. *De la forme du partage.* — Le partage se fait tantôt à l'amiable et tantôt en justice. Il peut se faire à l'amiable, c'est-à-dire par convention, lorsque tous les héritiers sont présents et capables, qu'ils consentent tous au partage et qu'ils sont d'accord sur les conditions. Il n'est alors assujetti à aucune règle de forme.

Il est obligatoirement judiciaire lorsqu'il y a des héritiers incapables (mineurs, interdits, aliénés internés) ou absents, ou lorsqu'il y a désaccord entre les héritiers, soit sur le partage à faire immédiatement, soit sur la composition des lots ou sur leur attribution.

Le partage judiciaire est précédé de l'apposition des scellés et de la confection d'un inventaire. Ces formalités sont nécessaires s'il y a des interdits non encore pourvus d'un tuteur, ou des héritiers non présents ; les créanciers peuvent aussi requérir l'apposition des scellés, en vertu d'un titre exécutoire ou d'une permission du juge.

Un notaire est ensuite nommé pour procéder aux diverses opération du partage. Cos opérations sont les suivantes :

1º Estimation des meubles et des immeubles par des experts ;

2º Vente des meubles sur la demande de la majorité des héritiers ou sur la saisie opérée par les créanciers, et vente des immeubles s'ils ne sont pas commodément partageables ;

3º Formation de la masse à partager, opération faite par le notaire liquidateur. Cette masse se compose de tous les biens laissés par le défunt, des biens rapportés par les donataires ou légataires, et du montant des sommes dues par chaque héritier à raison des fruits perçus depuis l'ouverture de la succession ou qui peuvent lui être dues à raison des déboursés qu'il a faits pour la succession ;

4º Composition des lots par un expert ou par un des cohéritiers choisi par les autres. Chaque lot doit conteuir autant que possible la même quantité de biens de même nature, meubles, immeubles, créances, etc. ; en ayant soin d'éviter de morceler les héritages et de diviser les exploitations.

Les lots doivent être égaux aux parts des héritiers, et il doit y en avoir autant qu'il y a d'héritiers. S'il n'est pas possible de faire des lots absolument égaux, l'inégalité est compensée au moyen de soultes en argent ou retours de lots ;

5º Homologation du partage par jugement du tribunal ;

6º Tirage au sort des lots devant le juge-commissaire ou devant le notaire, suivant la décision du tribunal ;

7º Remise à chaque héritier des titres de propriété des objets compris dans son lot et d'un extrait du procès-verbal de partage.

IV. *Des effets du partage.* — En droit français, le partage est *déclaratif* et non attributif de propriété, c'est-à-dire que chaque cohéritier est censé avoir toujours été, depuis le décès, seul propriétaire des biens mis dans son lot et n'avoir jamais eu la propriété des autres effets de la succession (art. 883). L'état d'indivision, qui a existé en fait entre le décès et le partage, est censé n'avoir jamais existé. Par suite, les aliénations ou charges réelles (servitudes, hypothèques) consenties pendant l'indivision par les cohéritiers sont valables si elles ont porté sur les biens qui leur échoient par le partage ; elles se trouvent nulles, au contraire, si les biens qui en ont été l'objet sont mis dans le lot d'un autre, parce qu'alors elles sont répu-tées faites par des personnes qui n'étaient pas proprié-taires.

II. — Droit allemand.

I. *Du principe que l'hérédité forme un patrimoine dis-tinct et indivis.* — Le Code civil allemand ne fait aucune distinction dans une succession entre les biens divisibles, comme les créances et les dettes et les biens indivis. Il érige en principe l'indivision de tous les biens de l'héré-dité. C'est là une nouvelle conséquence de cette idée que l'hérédité est considérée comme un patrimoine distinct. L'hérédité forme comme une espèce de personne morale constituée en vue du partage et de la liquidation des biens dont elle se compose, et elle devient la copropriété de tous les héritiers.

De là suit que le partage n'a plus les effets rétroactifs du partage français ; il n'est plus déclaratif de propriété. Seulement le consentement de tous les héritiers agissant ensemble devient nécessaire pour chaque acte de disposition relatif aux biens de la succession. Un cohéritier ne peut disposer à titre particulier de sa part dans la succession, mais il le peut comme universalité. Enfin, l'hérédité étant distincte du patrimoine de l'héritier, un débiteur du défunt ne peut pas opérer la compensation de sa dette avec une créance qu'il aurait contre l'héritier.

L'administration de la succession appartient en commun à tous les cohéritiers, mais chaque cohéritier peut faire seul et individuellement les actes conservatoires.

Le principe que nul n'est tenu de rester dans l'indivision se retrouve dans le Code civil allemand. Chacun des cohéritiers peut, en tout temps, demander le partage de la succession. Mais il peut y avoir intérêt à différer le partage, par exemple si on prévoit la naissance d'un héritier, s'il y a procès pendant sur la validité d'un mariage, d'une adoption ou d'une fondation. Et le Code civil allemand se montre ici plus large que le Code français. Tandis que ce dernier ne permet de rendre temporairement l'indivision obligatoire que par convention, la loi allemande reconnaît au testateur le droit de l'imposer à ses héritiers à condition que cette disposition ne produise pas effet pour plus de trente ans. En droit français, l'indivision ne doit pas durer obligatoirement plus de cinq ans.

Les fruits et revenus perçus pendant l'indivision sont partagés lors de la liquidation. Néanmoins, si l'indivision doit durer longtemps, les intéressés peuvent en demander le partage annuel.

II. *Du partage et de la coutume de l'indivisibilité des exploitations rurales.* — Quant à la façon dont doit s'opérer le partage, le Code allemand pose les règles suivantes :

On commence par acquitter les dettes et charges de la succession. S'il reste de l'actif, on le partage entre les cohéritiers, proportionnellement à leurs parts héréditaires, à l'exception des documents de famille qui restent communs.

Tandis que la jurisprudence française ne permet pas au testateur de s'écarter des règles établies pour la composition des lots et suivant lesquelles chaque héritier doit avoir sa part en nature dans les biens du défunt, et chaque lot se composer d'objets semblables, la loi allemande reconnaît au testateur le droit d'organiser lui-même le mode de liquidation de sa succession. Le testateur peut désigner un tiers qui sera chargé de procéder à la liquidation de la succession de la manière qui lui paraîtra la plus équitable. Les décisions de ce tiers sont obligatoires, sauf en cas de flagrante injustice où elles pourraient être redressées par le tribunal.

Cette disposition du droit allemand remédie de la façon la plus heureuse aux inconvénients maintes fois signalés du partage français. En France, la loi édicte le morcellement obligatoire qui a les effets les plus désastreux pour l'agriculture où se multiplient indéfiniment les petites cultures insuffisantes à faire vivre une famille; pour le sol national lui-même, qui voit disparaître peu à peu les bois et les forêts auxquels le régime de la grande propriété peut seul convenir.

C'est pourquoi les idées françaises sur la nécessité d'un partage égal et réel entre frères, issues de la Révolution et sanctionnées pratiquement par le Code civil, n'ont pas été reçues en Allemagne par les jurisconsultes. Ceux-ci voyaient avec faveur certaines institutions répandues en Allemagne et rendant indivisibles les exploitations rurales. Un exemple de ces institutions est l'*Anerbenrecht :* le paysan transmet son bien avec toutes ses dépendances et ses moyens d'exploitation à un seul, l'héritier, l'*Anerbe ;* les autres héritiers n'ayant droit qu'à une soulte ou indemnité proportionnelle à leur part héréditaire. Ces derniers sont alors obligés de s'établir ailleurs et d'abandonner l'exploitation paternelle ; ils cherchent des débouchés dans le commerce et l'industrie où ils émigrent dans les colonies allemandes. Aussi toute la région où fleurit cette institution, de la mer du Nord au Tyrol autrichien, est-elle habitée par une forte

classe de paysans propriétaires, qui contribue très certainement à la prospérité, à la force et à la stabilité de
l'Etat.

Ces institutions n'ont pas été introduites dans le Code ;
elles n'ont pas été généralisées, mais elles ont été main-
tenues, et les Etats particuliers ont conservé le pouvoir
de légiférer sur cette matière. Ces coutumes héréditaires
sont aujourd'hui de plus en plus répandues en Allemagne, et tout fait prévoir qu'un moment viendra où elles
recevront la sanction législative.

La partie de la législation française relative au partage
égal et forcé est certainement la plus faible et la plus fu-
neste en conséquences.

III. — *Du retrait successoral.*

Afin d'éviter l'immixtion dans les opérations du partage de personnes étrangères à la succession et poursuivant un but de spéculation, et aussi afin d'empêcher ces
personnes de s'introduire dans les secrets de la famille,
le Code civil a donné aux héritiers le droit d'écarter du
partage un étranger qui a acheté les droits successifs de
l'un des héritiers, en remboursant à cet étranger le prix
qu'il a payé avec les intérêts et les frais de l'acte de cession.

Le Code civil allemand contient une disposition à peu
près semblable : il reconnaît aux cohéritiers un droit de
préemption à l'égard de leurs droits successifs. Lorsque
l'un d'eux veut vendre sa part héréditaire, il est tenu de

signifier ce projet à ses cohéritiers, et ceux-ci ont le droit, dans un délai de deux mois, soit collectivement, soit individuellement, d'acheter cette part par priorité sur les étrangers. Et si la vente avait lieu sans l'observation de la formalité prescrite par le Code, c'est-à-dire sans signification aux héritiers de la part du cohéritier vendeur, elle serait considérée à l'égard de ces deniers comme nulle et non avenue. Les droits des cohéritiers sont ici plus énergiquement sauvegardés qu'en droit français.

Le cohéritier qui a vendu sa part héréditaire devient étranger à la succession. Il est donc déchargé de toutes les obligations dérivant de l'acceptation de la succession, excepté de celles qu'il aurait contractées pendant l'administration temporaire de la succession. Cette solution découle des principes que nous avons exposés sur le patrimoine héréditaire et sur sa cession active et passive, en droit allemand.

IV. — Du rapport.

Le rapport a pour but de maintenir l'égalité entre les héritiers qui viennent à une même succession. C'est l'obligation qui pèse sur chacun d'eux de remettre à la masse ce qu'il a pu recevoir du défunt à titre gratuit.

Il y a plusieurs distinctions à faire entre le rapport du droit français et le rapport tel qu'il est réglé par le Code civil allemand.

En droit français, le rapport est dû par *tout héritier* qui est en même temps donataire et qui n'a pas été dispensé du rapport par le donateur défunt. Par conséquent, même les héritiers collatéraux sont obligés au rapport. Cela n'est pas logique. En effet, le rapport est fondé sur cette idée que le défunt, en faisant une libéralité, est présumé ne pas vouloir rompre l'égalité entre ses héritiers, et qu'il a voulu simplement faire un *avancement d'hoirie*. c'est-à-dire donner à l'héritier la jouissance anticipée de sa part héréditaire. Or, cette présomption n'est vraie qu'à l'égard des descendants. Le père de famille dote ses enfants au fur et à mesure de leur établissement par mariage ou autrement, et il est naturel de supposer que ceux qui ne sont pas encore dotés par lui, l'auraient été également lorsque l'époque de leur établissement serait arrivé. On interprète donc sa volonté lorsqu'on oblige les enfants dotés au rapport.

Pour les collatéraux, le même raisonnement ne vaut plus rien. Lorsque le défunt a fait une libéralité à un cousin, par exemple, on ne peut plus dire qu'il a voulu faire un simple avancement d hoirie. Il est bien plus conforme à la vérité et à l'intention du *de cujus* de penser qu'il a voulu avantager son cousin donataire. Le Code civil allemand l'a compris ainsi, et il limite l'obligation du rapport aux héritiers du premier ordre, c'est-à-dire aux descendants. Il présume avec raison que le défunt était animé d'une affection égale pour tous ses descendants, et qu'il n'a pas voulu favoriser l'un plutôt que l'autre ; mais cette présomption n'existe plus pour les autres parents qui, bien qu'au même degré, ne sont pas l'objet de la part du donateur d'une même affection. Lors donc que le défunt a fait à l'un d'eux une libéralité, c'est qu'il a voulu l'avantager.

Lorsqu'un héritier obligé au rapport est mort avant le *de cujus* donateur, ses héritiers, qui viennent à la succession en son lieu et place par représentation, doivent rapporter. Mais un descendant donataire, primé par un descendant plus proche, ne doit pas le rapport si c'est par suite de la défaillance de ce dernier qu'il vient à la succession. Il en est de même du donataire qui n'était pas héritier présomptif au moment de la donation.

Au contraire, l'héritier français doit le rapport, alors même qu'il n'était pas héritier présomptif au jour de la donation, parce que rien ne prouve que le donateur, s'il avait su que le donataire deviendrait héritier, aurait voulu rompre l'égalité en sa faveur. Ceci nous paraît en effet plus logique.

De quoi est dû le rapport ? En droit français, toutes les donations, directes ou indirectes, sont sujettes au rapport. Il n'y a d'exception que pour les frais de nourriture, d'entretien, d'éducation, de noces et les cadeaux d'usage, parce qu'on suppose qu'ils sont pris sur les revenus du donateur et qu'ils ne l'ont pas appauvri. Avant la loi du 24 mars 1898, les legs étaient aussi sujets au rapport, ce qui était en opposition flagrante avec l'intention évidente du défunt.

Le Code civil allemand, moins obsédé par les idées

égalitaires, ne soumet au rapport que les libéralités qui ont servi à l'établissement des cohéritiers. Il s'inspire de l'idée que nous avons exposée plus haut.

Quant aux frais d'éducation, ils ne sont rapportables que s'ils dépassent les revenus ou les moyens du donateur. Toutes les autres donations sont présumées faites avec dispense de rapport.

Le rapport n'ayant d'autre but que de rétablir l'égalité entre les cohéritiers, il est dû aux cohéritiers seuls et non pas à d'autres. Par exemple, il n'est pas dû aux créanciers de la succession, ni aux légataires. En Allemagne, lorsque le conjoint survivant succède avec des descendants du défunt, il n'a pas droit au rapport, parce que le rapport n'est dû qu'aux cohéritiers *descendants*.

D'après le Code civil, le rapport s'effectue de deux manières : *en nature* pour les immeubles; *en moins prenant* pour les meubles. Le rapport en nature est le système primitif, dérivé de la *collatio bonorum* du droit romain. La tendance des anciennes coutumes françaises à maintenir une égalité parfaite entre les héritiers avait fait conserver cette institution dans l'ancien droit par le motif que cette égalité aurait été rompue si l'un des cohéritiers avait pu conserver de bons héritages alors que les autres n'auraient eu que de l'argent, d'un placement parfois difficile.

Cette raison est aujourd'hui sans valeur, étant donné l'accroissement pris par la richesse mobilière. Le rapport en nature n'a donc plus de raison d'être, surtout si l'on considère les conséquences désastreuses de l'effet rétroactif qui y est attaché, les biens devant être rapportés « francs et quittes de toutes charges créées par le donataire ». La seule forme de rapport qui soit en harmonie avec les institutions modernes est donc le rapport en moins prenant ; c'est aussi la seule qu'ait prévue le Code civil allemand. En Allemagne, le donataire ne doit que la valeur de ce qu'il a reçu au moment de la donation celle-ci étant traitée comme une donation de somme d'argent.

Et le rapport n'a lieu que jusqu'à concurrence de la part héréditaire du cohéritier donataire, et si le bien reçu par ce dernier est d'une valeur supérieure à sa part, il n'est pas tenu de rapporter le surplus.

Enfin, le Code civil allemand a passé sous silence le rapport des dettes.

SECTION VIII. — **Conclusion.**

Nous bornerons ici l'exposé de la législation successorale comparée en droit français et en droit allemand. L'examen des matières que nous venons de parcourir rapidement suffira pour nous révéler l'esprit différent qui a inspiré ces deux législations. Le Code français a été fait à un moment où les doctrines révolutionnaires exerçaient un grand empire sur les esprits, et la matière des successions se ressent plus qu'aucune autre de cette influence. L'égalité en forme la base et pour ainsi dire le

fil conducteur. Les jurisconsultes modernes abandonnent
de plus en plus ces doctrines dont les résultats néfastes
ne se sont que trop fait sentir en France.

L'Allemagne est revenue aux coutumes d'indivisibilité
des héritages, institution qui y paraît assurée d'un triomphe prochain, au grand avantage de son agriculture et
de la conservation de son sol national.

TABLE DES MATIÈRES

www.ingramcontent.com/pod-product-compliance
Ingram Content Group UK Ltd.
Pitfield, Milton Keynes, MK11 3LW, UK
UKHW021923070726
13614UKWH00001B/217